우울탈출법

평정과 휴식으로 이끄는 7가지 마음 기술

우울탈출법

함영준 지음

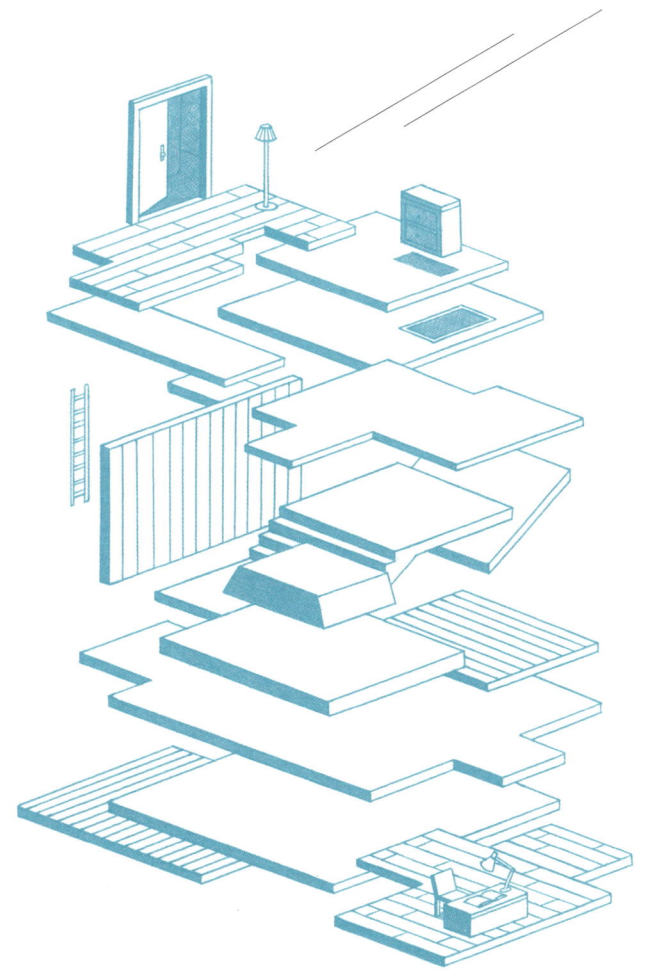

넥스톤

머리말
누구도 대신 싸워줄 수 없다

살다 보면 누구나 재난을 만난다.
건강, 가족, 일, 관계…
예고 없이 무너지는 순간은 인생 어디에나 숨어 있다.
누가 대신 싸워줄 수도 없다.

문제는 그때의 '반응'이 아니다.
중요한 것은 어떻게 지혜롭게 '대응'하느냐다.
정신의학자 빅터 프랭클(Viktor Frankl)의 말처럼, 인간은
자극과 반응 사이에 '선택할 수 있는 여지'를 가진 존재다.

그 선택에 실패하면 삶 전체가 휘청인다.
특히 오십을 넘긴 중장년기에는 더 그렇다.
이 시기의 재난은 때로 회복 불능의 결과를 낳는다.
실제로 인생 전반기에는 괜찮았던 사람이
후반기에 무너지며 자취를 감추는 모습을 적지 않게 봐왔다.

나 역시 그랬다.
50대 후반, 삶이 깊은 그늘에 잠겼다.
이름은 우울증, 그러나 단어 하나로 설명하기엔
너무도 깊고 검은 터널이었다.

하루 24시간 부정적인 생각이 반복됐다.
자책, 후회, 불안, 원망이 끊이지 않았다.
잠은 사라지고, 심장은 조여오고, 결국 공황발작까지 찾아왔다.
삶의 방향이 완전히 무너졌고,
난생처음 '죽음'을 구체적으로 떠올렸다.

더 큰 문제는, 어디서부터 어떻게 다시 살아야 할지
전혀 몰랐다는 것이다.

마음에 병이 났는데
어떻게 빠져나가야 하는지 알려주는 '지도'가 없었다.

스스로 무너지고 있을 때,
문득 내 안의 '기자 본능'이 깨어났다.
그때부터 취재를 하기 시작했다.
의사, 심리학자, 철학자, 종교인, 명상가, 상담사
그리고 인생의 고비를 넘긴 많은 이들을 만나
배우고, 기록하고, 다시 생각했다.

그렇게 조금씩 회복의 기술을 익혔다.
단지 병을 고치는 것을 넘어
인생이라는 항로 위에서 방향을 되찾는 연습이었다.

지금 한국은 세계에서 가장 아픈 나라다.
OECD 국가 중 자살률 1위, 우울증 유병률 1위.
50대 이후 장년층은 물론이고 3040세대,
심지어 차세대 주역 1020세대까지
마음의 병이 전 연령대를 덮고 있다.

이것은 더 이상 개인의 문제가 아니다.
21세기형 사회적 질병이다.
도움은 드물고, 마냥 기다릴 시간도 없다.
누구나 자신의 정신을 지키는 기술을 익혀야 할 때다.

이 책에 그런 기술을 담고자 노력했다.
나의 체험, 나의 취재 그리고 나의 회복 여정.
이 책은 거칠고 낯선 항로 위에서
방향을 잃은 이들에게 건네는 하나의 항해 지도다.

이 책을 다 읽고 덮는 순간,
당신이 적어도 한 가지는 알게 되기를 바란다.
"끝났다고 생각한 그 순간부터, 진짜 인생은 시작될 수 있다."

차례

머리말 누구도 대신 싸워줄 수 없다 · 4
프롤로그 이 세상에 속하지 못한 사람 같은 · 12

1부 너무 열심히 사느라 지친 몸과 마음

우울증 전야 · 19
마음속에 '절망의 덩어리'가 생기다 · 22
급격히 무너지는 몸과 마음 · 25
이대로 영원히 잠들지 못하는 건 아닐까 · 27
루미네이션, 부정적인 생각의 덫 · 30 | 불면증 자가진단표 · 32

공황발작, 이대로 죽거나 미칠 것 같다 · 33
겉보기엔 멀쩡하지만 · 34
갑자기 숨이 막힌다, 이대로 죽는 건가? · 38
섣부른 모멸감이 공황발작으로 · 39
공황발작 자가진단표 · 45

우울증 진단, 내 인생은 이대로 끝인가? · 46
완치가 안 된다고? · 47
우울의 진짜 이유에 다가서기 · 52
우울증 자가진단표 · 55

악마의 주술에 걸린 불면의 밤 · 56
마음은 롤러코스터를 타고 · 57
이렇게 살 바에는 차라리… · 61
자살로 이어질 수 있는 병 · 64
불면증 극복 실천 사항 · 68

우울증 극복의 첫 단계, 약물요법 · 69
우울증 치료에는 의사와의 신뢰관계가 관건 · 70
약물요법과 인지행동치료 · 74
여전한 불안, 다시 출근할 수 있을까? · 79
불안장애 자가진단표 · 82

우울증 극복의 두 번째 단계, 운동 ·83
마음을 다스리는 루틴 만들기 ·84
쓸데없는 생각을 지우는 운동의 위력 ·89
우울증 완화를 돕는 운동 ·93

우울증 극복의 세 번째 단계, 긍정적인 사고 ·94
신체를 공격하는 우울증 ·95
독설 한마디에 무너지는 마음 ·96
생각을 놓아야 마음이 숨을 쉰다 ·99
인지행동치료의 핵심, 긍정적인 사고 ·101
일상에서 실천 가능한 인지행동치료 프로그램 ·105

마침내 빛 그리고 삶 ·107
'빨리빨리'에서 '느림의 미학'으로 ·108
마음의 채널을 바꾸자 ·112

2부 우울증 이후, 루미네이션을 극복한 7가지 방법

운동: 몸이 깨어나야 마음이 산다 ·116
자생력의 시작 ·118
우울한 마음이 사라지는 운동법 ·120

자연: 무심의 숲으로 돌아가다 ·125
자연과의 단절이 가져온 문제 ·126
자연은 왜 치유력을 줄까? ·128
자연의 사계를 지나니 빛이 보였다 ·130
일상에서 자연과 가까워지는 법 ·134

즐거움: 루미네이션을 이기는 기쁨의 기술 ·138
우울증의 기막힌 대화술에 넘어가지 않으려면 ·140
당신에게 권하고 싶은 일상의 '소확행' ·145

일: 생존을 넘어 삶을 복원하는 힘 ·150
내가 정말 하고 싶은 일은 무엇인가? ·151
열심히 살았으나 만족스럽지 못한 삶 ·153
내 삶을 채워줄 일을 찾을 질문 ·157
각자의 길을 찾는 사람들 ·160

명상: 가장 강력한 마음 피트니스 ·163
20분의 호흡이 되찾아준 단잠 ·165
내 행동이 이상하다, 더 강력한 마음 훈련이 필요하다 ·167
명상, 내 마음의 항구가 되다 ·172
집중 명상과 마음챙김 명상, 어렵지 않게 시작해보기 ·176
내 마음을 내가 다룰 수 있게 된다 ·181
초보자를 위한 마음챙김 호흡법 ·184

영성: 죽음과 삶의 본질을 마주하다 ·186
삶이 던지는 질문에 답하다 보면 만나는 세계 ·189
'카르마'의 관점으로 세상을 보면 ·191
죽음을 생각하며 삶을 다시 보다 ·192
종교적이지 않아도 영성을 추구할 수 있다 ·197
비로소 제자리를 찾는 삶 ·200

심리학: 퍼즐을 맞춰보다 ·202
나의 약점: 불안, 분노, 자책 ·204
나의 어린 시절: 불안과 콤플렉스 ·207
가면 뒤의 '그림자'를 무시한 대가 ·210
심리재활치료: 행동과 사고의 미세 교정 ·212
행동심리학을 토대로 한 인지행동치료 ·215
긍정회로를 만드는 심리상담 ·218
심리학이 준 자기 이해의 힘 ·222
현대심리학의 계보: 정신분석에서 뇌과학까지 ·224

3부 우울을 넘어 새로운 삶으로

우울증, 다시 찾아와도 괜찮다 ·229
새벽에 찾아오는 둔한 고통: 바라봄으로써 극복하다 ·230
몸을 이완시키고 활력을 주는 아침 루틴 ·233
우울증은 재발한다, 그러기에 대비해야 한다 ·236
외부가 아닌 내면에서 힘을 찾아야 한다 ·242

우울증을 이긴 사람, 진 사람 ·247
우울증은 누구에게나 찾아올 수 있다 ·248
링컨: 우울증을 넘어 위대한 지도자로 ·251
처칠: 평생 검은 개와 싸운 전사 ·255
니체: 초인의 그림자 속에서 무너진 철학자 ·260
헤밍웨이: 강인한 이미지 속에 숨겨진 불안과 파멸 ·263
그리고 우리의 선택 ·267
당신은 어떤 방식으로 우울증과 싸우고 있는가? ·270

우울증, 어떻게 치료하나? ·271
신체 회복을 통한 우울증 예방 및 치료 ·273
병원치료가 필요할 때 ·275
좋은 의사 찾는 법 ·277
세 가지 치료법 ·280
병원치료 이후, 삶을 다시 설계하다 ·284
우울증과 정신질환 오진 문제 ·289

우울증을 통해 이룬 존재론적 회복 ·290
마음의 평온을 찾다 ·293
나는 누구인지 다시 묻다 ·294
삶의 방향성을 정립하다 ·295
이렇게 나는 인생의 항해사가 되었다 ·297

에필로그 이제는 당신의 항해다 ·299

프롤로그
이 세상에 속하지 못한 사람 같은

지금도 그날 밤을 잊을 수 없다.
불면과 불안에 시달리던 시절,
동네 식당가를 지나가다 문득 유리창 너머를 들여다봤다.
소주잔이 부딪치고, 삼겹살이 지글거리고,
웃음소리가 쏟아졌다.
남녀노소가 모여 앉아 웃고 떠들며 삶을 즐기고 있었다.
그 평범하고 정겨운 풍경을 나는 그저 멍하니 바라봤다.
마치 이 세상에 속하지 못한 사람처럼.
나는 그 자리에 끼지 못할 존재라고,
내 마음이 스스로를 단죄하고 있었다.

우울증은 그렇게 나를 이 세상으로부터 유배시켰다.

우울증은 단순한 슬픔이 아니다.
그건 내 존재 자체가 무가치하다는 '설득'이다.
그 설득에 속아 넘어가면 끝이다. 나 역시 그럴 뻔했다.
다행히 돌아왔다. 긴 싸움이었다.
그 여정에서 나는 세 가지 진실을 알게 됐다.

첫째, 우울증은 자기를 파괴하는 이야기꾼이다.
"넌 틀렸어. 넌 실패자야. 아무도 널 필요로 하지 않아."
이 속삭임을 견디고, 의심하고, 반격해야 한다.

둘째, 우울은 하루하루를 시험장으로 만든다.
희망도, 기쁨도 다시는 없을 것 같다는 절망감이
계속 밀려온다.
친구가 떠나고, 가족이 멀어지고, 스스로를 탓하게 된다.
그러나 누구 탓도 하지 말아야 한다.
자책도, 분노도 우울증이 보내는 자객이다.
버티고, 관찰하고, 견뎌야 한다.

셋째, 시간이 걸린다.
신체는 금방 나아졌지만
자기비난에서 자신감으로 바뀌기까지는
생각보다 오랜 시간이 걸린다.
내면은 천천히 회복된다.
급할수록 호흡을 가다듬고 담담히 기다려야 한다.

우울증은 원인도 증상도 치료도 사람마다 다르다.
약이 필요하지만 전부는 아니다.
철학, 예술, 운동, 관계, 명상, 영성…
치유는 '한 가지'가 아니라 '자기에게 맞는 무언가'다.
나는 수많은 사람을 만나며 깨달았다.
미술은 감정의 응어리를 토해내는 통로가 되고,
춤은 억눌린 감정의 독을 배출하는 디톡스가 되며,
인지치료는 논리로 자기 마음을 이해하는 거울이 된다.
회복은 단 하나의 길이 아니라
각자에게 알맞은 '자기만의 길'을 찾는 과정이었다.
그 여정이야말로 마음의 피트니스였고,
나를 되살리는 기술이었다.

이 책은 그 여정의 기록이다.
1부는 병의 시작과 병원치료까지에 대한 이야기,
2부는 치료 이후 다시 삶을 살아내며 쌓은 실천의 기록,
3부는 돌아보며 정리한 회복의 통찰이다.

나는 이 여정을 통해 불안을 조율하는 법,
마음을 단련하는 법,
폭풍을 피해 항구에 머무는 법을 배웠다.

삶은 공짜가 없다.
아픈 만큼 단단해지고, 고생한 만큼 깊어진다.
보르도의 포도나무처럼,
척박한 땅에서 더 진한 와인이 숙성된다.

우울증은 끝없는 어둠이 아니다.
새로운 세계로 가는 초대장일 수 있다.
그 초대에 함께 응할 동행자를 기다린다.

1부

너무 열심히 사느라
지친 몸과 마음

'여수 밤바다'라는 노래가 있다.

인디 밴드 버스커버스커가 2012년 3월에 발표한 곡이다.

여수 만성리 해수욕장의 밤바다 풍경과 그 속에서 느낀 감정을

담담하게 풀어내 큰 사랑을 받았다.

장범준 특유의 비음 섞인 음색도 서정에 힘을 더했다.

그러나 한동안 나는 그 노래가 들리면

무의식적으로 라디오를 껐다.

그 시절의 모든 감정이 소환됐기 때문이다.

그 노래가 히트를 치던 2012년 4~5월,

나는 집에서 시체처럼 누워 있었다.

우울증이 시작된 지 얼마 되지 않은 시기였다.

모든 것이 내게서 멀어지고, 세상의 모든 소리가 장송곡처럼 들렸다.

라디오에서 흘러나오던 그 노래는

나에게 삶이 아닌 죽음을 초대하는 것처럼 느껴졌다.

벚꽃도 마찬가지였다.

아파트 주변에 흐드러지게 핀 봄꽃이

유혹이 아니라 공허로 느껴졌다.

그 아름다움이 오히려 나를 더욱 비참하게 만들었다.

청각의 기억은 무섭다.

그 노래는 그 시절의 어둠을 매번 정확하게 호출했다.

그러나 회복의 시간을 지나며,

나는 다시 그 노래를 들을 수 있게 되었다.

지금은 그 노래를 그저 담담히, 때로는 서정적으로 받아들인다.

그리고 이상하게도,

그때의 그 음울한 시절이

이제는 고맙게까지 느껴진다.

그 노래를 듣기 4개월 전,

내 안에 숨어 있던 우울은 조용히 모습을 드러내고 있었다.

우울증 전야

55세, 인생 후반전이 시작되는 그때 나는 벼랑 끝에 서 있었다.

겨울로 접어드는 2011년 12월 초순, 일을 그만두고 집에서 쉬었다. 처음에는 무기력하고 허탈했다. 세상이 재미가 없었다. 당연했다. 지난 수십 년간 얼마나 바쁘게 살아왔던가. 그러다 하루아침에 집에 틀어박혀 빈둥거리니 시간이 더디게만 흘렀다. 오전 늦게 일어나 어슬렁거리다 점심을 먹고, 낮잠을 자고 일어나 저녁에는 또 뭘 먹지 생각하니 힘이 빠졌다. '이렇게 노인이 되어가는구나' 하는 생각이 들었다. 밤에 잠자리에 누워도 깊이 잠들지 못하고 몇 번씩 깨곤 했다.

자연스럽게 지난 시간을 복기해보았다. 마음 한구석에서 후회와 회한, 자책과 반성이 일었다. 이런저런 생각이 주마등처럼 나타났다 사라지기를 반복했다. 더불어 온갖 감정이 함께 찾아왔다. 창피함, 허탈함, 수치심, 막막함, 불안, 분노….

사람들이 나를 어떻게 볼까. 이럴 때면 애써 합리적인 근거를 대며 마음을 추스르곤 했다. 일을 하다 보면 물러서야 할 때도, 멈춰야 할 때도, 포기해야 할 때도 있다. 끝까지 가보겠다고 계속 고집을 피웠다면 정말 어려운 상황에 처했을지도 모른다. 포기는 나다운 결단이다. 올바른 결정이었으니 더는 나를 탓하지 말자. 후회하지 말자.

마음이 좀 가라앉는가 싶으면 또 이런 생각들이 떠올랐다.

다 좋다. 그런데 내 미래는 어떻게 될까? 무슨 일을 해서 먹고살지? 할 일이 있을까? 어떤 일, 어떤 직책을 가져야 만족스러울까? 나를 원하는 곳, 받아줄 곳이 있기나 할까?

앞이 깜깜해지면서 다시 후회가 거듭됐다. 그리고 이 모든 생각은 나에 대한 한심함, 의구심, 불신으로 이어졌다. 도대체 나란 인간은 어떤 사람인가? 내가 인생에서 이룬 것은 과연 무엇이었나? 그런 게 있기는 했나?

갑자기 사춘기 소년이 된 듯했다. 모든 것이 불명확해 아무런 판단도, 자신도, 확신도 할 수 없었다. 주변은 온통 흐리고 컴컴한 가운데 헤어나기 어려운 늪 속으로 빠져들고 있었다.

밤마다 악몽을 꾸었다. 자다가 벌떡벌떡 일어났다. 흡사 누군가에게 목을 졸린 듯 숨을 제대로 쉴 수 없었다. 마치 큰 잘못을 저지르고 벌을 받는 어린아이처럼 마음이 조마조마했다.

무엇보다 가장 힘든 것은 외부 환경이 아니라 내 마음이었다. 나를 신랄하게 공격하는 사람도 바로 자신이었다. 나 스스로가 가해자이자 피해자인 셈이었다. 훗날 깨달은 것이지만 우리에게 닥치는 고난, 물리쳐야 할 적은 대부분 우리 마음에서 비롯된다. 그러나 그걸 모르고 남을 탓하고 바깥세상에서 해답을 찾으려고 헤맨다. 그럴수록 마음이 납덩어리처럼 무겁다가 구멍이 뻥 뚫린 것처럼 허탈하다가 우울, 상실감, 자책감, 후회, 죄책감 등이 하루에도 수없이 파도처럼 밀려왔다 사라지곤 했다.

정신의학에서는 이런 사고 패턴을 '우울증적 반추(depressive rumination, 루미네이션)'라 한다. 누구나 스트레스를 받을 때 부정적인 사고를 곱씹기 마련이지만, 그 정도가 깊어지고 길어지면 결국 극심한 소진(burnout) 상태를 지나 우울증 등 각종 신경증이나 암, 치매, 자살로 이어질 수 있다.

이별이나 큰 실패 등의 상실에 직면하면 누구나 슬픔, 허무함, 우울감 등의 애도(grief) 과정을 거친다. 이 또한 우울하지만, 지극히 정상적이고 건강한 반응이다. 인간은 미국의 정신과 의사 엘리자베스 퀴블러 로스(Elisabeth Kübler-Ross)가 정립한 애도 과정을 거치며 큰 상실을 조금씩 받아들인다.

그런데 받아들이지 못한 슬픔은 그 자리에 그대로 남는다. 돌지 않는 시계처럼, 마음은 계속 같은 자리를 맴돈다. 그게 루미네이션이다. 만약 당신에게 이런 현상이 자주 또는 장기간 지속되고 있다면 유의해서 지켜봐야 한다. 당신을 불행이나 절망으로 빠뜨릴 수 있는 매우 강력한 시그널이기 때문이다.

마음속에 '절망의 덩어리'가 생기다

한없이 어둡던 석 달이 지나고 봄이 왔다. 2012년 3월 초, 친구가 마련해준 대학로 사무실에 나가기 시작했다. 처음 며

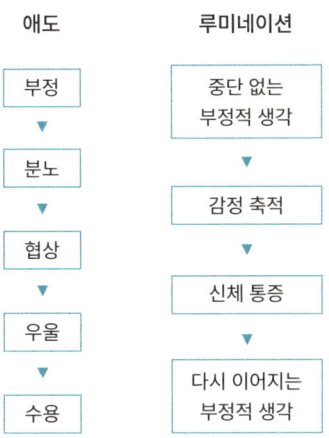

칠은 그런대로 좋았다. 집에서 벗어나 뭔가를 할 곳이 생겼기 때문이다. 다시 출근하는 기분도 들었다. 그러나 곧 남아도는 시간을 주체할 수 없었고 생각은 다시 부정적 굴레, 루미네이션으로 빠져들었다.

그때 생각과 감정도 물리적으로 존재하는 '에너지 덩어리'라는 사실을 깨달았다. 루미네이션이 심해질수록 몸 어딘가가 아파왔다. 처음에는 아랫배가 뻐근하거나 저릿저릿하게 불편한 느낌을 주다가 사라졌다. 때로는 통증을 주기도 했다. 옛 어른들이 말한 '속이 썩는다'라는 표현과 증상이 유사하다고 할까?

그러다 어느 날부터 마치 암 덩어리가 된 듯 몸속에 단단히 자리 잡기 시작했다. 이 '절망의 덩어리'는 불안과 염려가 심할 때는 커졌다가 마음이 가벼워지면 작아지는 듯했다. 3월 중순 무렵부터는 이리저리 옮겨 다니며 마음을 아프게 하더니, 어떨 때는 불쑥 기운이 솟아올라 진을 빼놓곤 했다.

훗날 안 것이지만 장(腸)은 '제2의 뇌'로 불릴 만큼 많은 신경세포가 있어 예민하게 반응한다. 뇌에서 감지한 정보를 그대로 전달받는다. '장-뇌 축(gut-brain axis)'이라 불리는 연결망 때문이다. 그래서 머리가 힘들면 장도 힘들어한다. 걱정거리가 있거나 스트레스를 받으면 속이 불편해져 소화불량이나 설사, 변비가 생기는 이유다. 반대로 스트레스가 해결되면 속이 후련하고 평온감, 행복감이 느껴진다. 행복, 수면, 식욕 등을 조절하는 신경전달물질도 대부분 장에서 만들어진다.

한마디로 우리의 내장기관은 뇌 다음으로 우리 내면의 날씨 변화를 알려주는 레이더 기지 역할을 한다. 그러나 그때 나는 장이 보내는 강력한 시그널을 알아채지 못했다.

급격히 무너지는 몸과 마음

어느 날 점심시간에 사무실 인근 햄버거집에 갔다. 싱그러운 봄의 기운이 솟아나는 화창한 날씨였으나 내 마음은 어두컴컴한 지하실 같았다. 그 정서적 간극 때문이었을까. 해맑은 인상의 점원에게 햄버거를 주문하는 순간, 마음속 암 덩어리가 요란스럽게 팽창하더니 요동치기 시작했다.

갑자기 회한과 비참함, 허탈, 후회, 자책, 수치심, 좌절, 죄책감, 절망감 등 온갖 부정적인 감정과 생각이 한꺼번에 몰려오기 시작했다. 일순간에 마음이 피비린내 나는 전쟁터로 변해버렸다. 이런 적은 처음이었다.

그러나 겉으로 보이는 내 모습은 지극히 평온했다. 그 점원은 지옥 같은 내 마음 상태를 전혀 눈치채지 못하고 밝은 미소로 응대했다. 그때 그녀와의 거리는 1m 남짓이었지만 심리적으로는 너무나 먼, 전혀 다른 세상에 있는 것처럼 느껴졌다.

'아, 어쩌면 나는 다시는 저들처럼 정상적으로 살지 못할지도 몰라. 영원히 이런 절망 속에서 지내게 될지도 몰라…'

마치 영화 〈인터스텔라〉에서 먼 우주 블랙홀 안에 있는 주인공이 시공간과 차원이 다른, 지구의 사랑스런 딸과 교신할 때 느꼈을 마음이랄까. 지금 생각해보면 그것이 공황발작의 초기 증상이 아니었나 싶다.

억지로 기운을 차리고 사무실에 돌아와 돌을 씹듯 햄버거를 먹었다. 몸도, 마음도 녹초가 되어 의자를 젖히고 누워 잠을 청했다. 그러나 정신은 도리어 말똥말똥했다.

확실히 내가 이상해졌다. 이건 단순한 증상이 아니다. 몇 시간을 그렇게 보낸 후 나는 컴퓨터를 켜고 포털 사이트에 들어가 '우울증'이란 단어를 검색했다.

거의 온종일 우울한 기분, 피로 또는 에너지 상실, 흥미나 집중력 감소, 체중 및 식욕 감소, 불면 또는 과수면, 자기 비하 또는 죄책감, 무가치감, 죽음과 자살에 대한 반복적 생각….

모니터에 뜬 단어들을 멍하니 쳐다보았다. 바로 내가 그랬다. 체중 변화, 죽음과 자살에 대한 생각을 제외하고는 다 해당했다. 그럼 내가 우울증이란 말인가? 겁이 더럭 났다. 우울증은 평소 염세적이거나, 부정적인 사고를 하거나, 지나치게 내성적인 성격의 소유자거나, 실연당한 사람 또는 갱년기 여성에게 찾아오는 특별한 병인 줄로만 알았다.

이대로 영원히 잠들지 못하는 건 아닐까

이로부터 보름쯤 지났을까. 불면증이 본격적으로 모습을 드러냈다. 처음에는 1~2시간 자는 둥 마는 둥 하더니 아예 하얗게 밤을 지새우는 날이 찾아왔다. 기나긴 불면의 밤이 시작된 것이다.

잠을 못 자면 다음 날 낮에 피곤하고 졸음이 오기 마련이다. 그러나 나는 피곤하긴 했지만 졸음이 오지 않았다. 잠을 자려고 눈을 붙이는 순간 정신은 도리어 말똥말똥해졌다. 전철 안에서 꾸벅꾸벅 조는 사람들을 보면 그렇게 부러울 수가 없었다.

잠을 못 자니 머리가 쉬지 못해 피곤하고 멍해졌다. 이윽고 머리 회전이 둔해지고, 기억력이 감퇴하며 모든 일에 흥미가 사라졌다. 그러나 다른 한편으로는 극도로 예민해져 문을 여닫는 것과 같은 예사소리에도 신경이 파르르 곤두서곤 했다.

몸을 피곤하게 하면 잠이 올 거라는 말을 듣고 차를 타지 않고 하루 수십 킬로미터를 걸어 다닌 적도 있었다. 저녁에 돌아와 소진된 몸을 이끌고 자리에 누워 잠을 청했다. 그러나 그 순간 머리는 다시 맑아지고 잠기운이 달아났다. 그리고 온갖 망상이 또다시 나를 엄습했다. 루미네이션의 시작이다. 한참 드러누워 있었던 것 같은데 시계를 보면 자정도 되기 전이었다.

일어나 앉아 마음을 달래기 위해 성경이나 에세이, 불경을 집어든 적도 있다. 그러나 책을 잡는 순간 머릿속은 또다시 온갖 잡념에 휩싸여 집중할 수 없었다. 단전호흡도 해보고, 거실에 나와 소파에 누워도 보고, 조용히 음악을 들어도 봤지만 도저히 잠들 수가 없었다. 위스키도 마셔보았다. 그러나 이런 식의 음주는 알코올 의존으로 빠지는 필연적인 길임을 알기에 더는 마시지 않았다.

이렇게 긴긴밤을 지새우고 새벽이 오면 끔찍하고 비참한 마음이 들었다. 절망감과 좌절감이 가득했다. 몽롱한 정신으로 억지로 몸을 일으켜 운동이라도 해야겠다고 생각했지만 발이 움직이지 않았다.

다시 털썩 소파에 누우면, 이번에는 마음 한쪽에서 얼른 나가 운동을 하라고 재촉했다. 밖으로 나가 조깅을 해야 하는지, 그냥 쉬어야 하는지조차 결정을 하지 못해 우왕좌왕, 갈팡질팡했다. 판단이 서지 않았다. 무슨 생각을 해도 편치 않았고,

무슨 행동을 해도 마땅치 않았다. 몸과 마음이 따로 놀았다.

그럼에도 병원에 가거나 수면제를 복용하지 않았다. 약 기운에 기대 잠드는 것 자체가 내가 정신적으로 허물어지는 길이요, 약물 남용이라 여겼기 때문이다.

평소 몸이 건강하면 감기에 걸려도 며칠 앓다 자연스럽게 낫지만, 그렇지 않으면 몸살, 나아가 폐렴 등의 중병으로 악화될 수 있다. 그럴 때는 초기부터 약을 비롯해 적절한 현대의학의 개입이 필요하다. 정신적 질환도 마찬가지다. 신경계가 와해돼 불면이 계속된다면 일단 약이나 병원치료를 통해 신경계를 정상으로 되돌려놓는 것이 중요하다. 자력갱생이 안 되기 때문이다. 그러나 그때 난 그렇게 하지 못했다.

루미네이션, 부정적인 생각의 덫

영국 옥스퍼드대학교가 우울증 재발을 방지하기 위해 개발한 MBCT(Mindfulness-Based Cognitive Therapy, 마음챙김에 근거한 인지치료) 프로그램은 특히 우울증적 루미네이션(반추사고) 개선에 집중하고 있다. 연구진이 우울증 환자들을 대상으로 장기간 조사한 결과, 그들은 다음과 같은 부정적인 루미네이션을 경험하고 있었다.

- ☐ 나는 괜찮지 않다.
- ☐ 왜 나는 성공하지 못했나?
- ☐ 아무도 나를 이해하지 못한다.
- ☐ 나는 사람들을 실망시켰다.
- ☐ 세상과 맞서 싸우는 느낌이다.
- ☐ 계속할 수 있다고 생각하지 않는다.
- ☐ 더 나은 사람이 되고 싶다.
- ☐ 나는 너무 약하다.
- ☐ 삶이 내가 원하는 대로 안 된다.
- ☐ 나 자신에게 너무 실망했다.
- ☐ 어떤 것도 더 좋게 느껴지지 않는다.
- ☐ 더 이상 견딜 수 없다.
- ☐ 나는 시작할 수 없다.
- ☐ 대체 나는 뭐가 잘못된 거지?
- ☐ 나는 다른 곳에 있고 싶다.
- ☐ 나는 뭔가를 함께할 수 없다.

- ☐ 나는 나 자신이 싫다.
- ☐ 나는 가치가 없다.
- ☐ 내가 사라져버렸으면 좋겠다.
- ☐ 나는 뭐가 문제일까?
- ☐ 나는 패배자다.
- ☐ 내 삶은 엉망진창이다.
- ☐ 나는 실패자다.
- ☐ 나는 어떤 것도 해낼 수 없다.
- ☐ 너무 무기력하다.
- ☐ 뭔가가 바뀌어야 한다.
- ☐ 내게 뭔가 잘못된 것이 있다.
- ☐ 내 미래는 암울하다.
- ☐ 정말 가치가 없다.
- ☐ 나는 어떤 것도 끝낼 수 없다.

출처 | 《우울과 불안, 스트레스 극복을 위한 8주 마음챙김(MBCT) 워크북》, 존 티즈데일, 마크 윌리엄스, 진델 시걸 지음, 안희영 옮김, 불광출판사

불면증 자가진단표

불면증(insomnia)은 잠들기 어렵거나 자주 깨 숙면을 취하지 못하는 상태가 반복되는 수면장애다. 미국의학협회(AMA)는 불면증을 조기에 치료하지 않을 경우 우울증, 공황장애, 만성 통증 등이 유발될 위험이 커진다고 경고한다. 특히 고령자나 스트레스가 많은 직업군은 각별한 관리가 필요하다.

다음 항목 중 3개 이상이 2주 이상 계속된다면 단기불면증일 가능성이 높고, 3개월 이상 지속 시 만성불면증으로 분류될 수 있다. 단, 정확한 진단을 위해서는 반드시 의사 및 전문가의 상담이 필요하다.

- ☐ **잠 초기 곤란**: 30분 이상 뒤척인 후에야 겨우 잠이 든다.
- ☐ **수면 유지 곤란**: 한밤중이나 새벽에 자주 깨고 다시 잠들지 못한다.
- ☐ **주간 기능 저하**: 낮 동안 피로, 무기력, 집중력 저하가 두드러진다.
- ☐ **생활 기능 방해**: 수면 부족으로 업무, 학업 등 일상 기능이 현저히 떨어진다.
- ☐ **별도 원인 배제**: 약물, 정신장애, 환경 문제 등 다른 원인 없이 수면 문제만 지속된다.

출처 | 미국정신의학회(APA)

공황발작, 이대로 죽거나 미칠 것 같다

　불면증이 보름, 한 달로 길어지면서 마음속 절망과 자책도 날로 커졌다. 지난날의 사소한 잘못까지 심각한 죄악처럼 느껴졌고, 모든 것이 내 탓이라는 생각이 들었다. 그것은 곧 '나는 쓰레기 같은 인간이구나'라는 결론으로 이어졌다.

　육체적인 이상 징후도 뚜렷이 나타났다. 우선 자율신경 조절이 엉망이었다. 아직 날씨가 쌀쌀한데도 땀을 뻘뻘 흘렸다. 손수건이 금세 흥건히 젖었고 주위 사람들은 그런 나를 이상한 눈으로 쳐다보았다. 식사할 때나 길거리를 걸어갈 때나 쉴 새 없이 땀이 흘렀다. 맥박은 왜 그리 빨리 뛰는지…. 사소한 일에도 마음이 덜컥 내려앉고 한밤중에도 심장이 벌떡벌떡 뛰었다.

간헐적으로 마음이 아픈 현상도 잦아졌다. 지하철을 타고 가다가 갑자기 마음이 맹렬히 아프면서 순식간에 파김치가 되곤 했다. 아랫배의 '암 덩어리'가 난리법석을 피우는 것이었다.

주말에 기분 전환이라도 할 겸 집에서 아주 멀지 않은 검단산으로 차를 몰고 갔다. 차에서 내려 막 걸으려는 순간 또다시 마음이 아파왔다. 아랫배를 주먹으로 강타해서 생기는 신체적 통증과 다를 바 없었다. 너무 아파 차로 들어가 끙끙거렸다. 그것만으로 진이 빠져 아예 올라가지도 못하고 집으로 돌아왔다. 이런 일은 생전 처음이었다.

겉보기엔 멀쩡하지만

문제는 TV 생방송 출연을 앞두고 있다는 것이었다. 예전에 정부가 운영하는 K-TV에 나가 우리나라 한류 현상을 이야기한 것이 평이 좋아 KBS-2TV 〈아침마당〉에서 1시간 특강을 맡았다. 시청률이 평균 5% 이상 나오는 인기 프로그램이었다.

날짜가 하루하루 다가올수록 걱정이 커졌다. 평소라면 1시간짜리 생방송이라도 특별히 어려워하지 않았을 텐데 이제 상황이 달라졌다. 한 달 가까이 불면증이 계속되면서 모든 게 엉망인 상태였다. 혹시 중간에 내용을 잊어버리거나 멍해지면 어떻게 하지?

주저하다 동네 정신과 의원을 찾아가 불면증을 호소하고 수면제를 처방받았다. 왠지 병원 분위기가 음산했다. 간호사의 표정도 어둡고, 의사의 눈빛도 무서웠다.

돌이켜보면 이미 이때 불안장애 증세가 있었던 모양이다. 나중에 알고 보니 이 병원 의사는 평판 좋고 실력 있는 이였는데, 그때 나는 '불안'이란 선글라스를 끼고 그곳에 간 것이다. 사실(fact)이 문제가 아니라 사실을 보는 사람의 시각(view)이 정상이 아니었던 것이다.

수면제를 직접 산 것은 처음이었다. 약을 먹었더니 잠이 쏟아졌다. 오랜만에 잠을 잘 잤지만 아침에 일어나니 골이 아팠다. 일주일 치 처방을 받아왔으나 이틀 정도 먹고 더 먹지 않았다. 수면제를 먹는다는 사실이 끔찍하게 싫었다. 그러나 약을 끊으니 역시 잠이 오지 않았다.

드디어 방송 당일, 전날 밤 수면제를 반 알 먹고 간신히 2~3시간 눈을 붙였다. 새벽에는 컨디션을 올리려고 아파트 근처 학교 운동장을 뛰었다.

아침 8시, 정신이 그다지 맑지 않은 채로 분장을 마치고 방송 대기 상태에 돌입했다. 마음속은 말할 수 없이 무력한데 전국의 시청자를 상대로 1시간가량 혼자 말을 해야 했다. 혹시 돌발 상황이라도 벌어지면 어떡하나. 온갖 걱정이 엄습했다.

방송 시작 사인이 들어왔다.

나는 밝게 웃으면서 카메라 앞 무대로 나아갔다.

"여러분, 안녕하십니까. 저는….'

이렇게 이야기를 시작했는데 그 후로는 어떻게 했는지 기억이 나지 않는다. 그 와중에 기타도 치고 노래도 했다. 주변의 평은 나쁘지 않았다. 시청률도 6% 이상 나와 선방했다는 말을 들었다. 시청자들은 내게서 이상한 낌새를 느끼지 못했을 것이다.

그때 나는 활기차게 활동하던 유명 인사들이 우울증에 걸려 어느 날 갑자기 자살했다거나 활동을 중단했다는 보도를 이해할 수 있게 됐다. 사람이란 존재는 마음이 지옥 같아도 외견상 멀쩡해 보일 수 있다. 다시 말해 주위 사람은 마음의 병이 걸린 이의 상태를 겉모습만으로는 잘 알아채지 못한다.

그러나 나는 그 비참한 마음 상태를 안다. 방송한 지 10여 년이 지났지만 나는 그때 그 방송을 다시 보지 않았다. 여전히 두렵다.

방송을 마치고 나니 피로가 한꺼번에 몰려오면서 마음의 통증이 한층 거세졌다.

'내가 대중을 상대로 무슨 미친 짓을 한 거지?'

남들은 잘했다고 하지만 마음속은 자책으로 가득 찼다. 이렇듯 우울증은 멀쩡한 사람도 마음속 '죄수'로 만들어버린다. 이런 마음의 극단적인 흐름은 엄청난 에너지를 소모시킨다.

다음 날 아내와 오랜만에 극장에서 영화를 보았는데 나는 몸살 걸린 사람처럼 끙끙 앓으며 좌석에 누워 있다시피 했다. 정신이 산만해 영화의 흐름을 따라갈 수 없었다. 지금도 그 영화의 줄거리는커녕 출연 배우, 제목조차 기억에 없다.

확실히 내가 이상해졌다.

갑자기 숨이 막힌다, 이대로 죽는 건가?

〈아침마당〉 출연 이후 내 상태는 점점 나빠졌고 불면증도 심해졌다. 그로부터 며칠 뒤, 결국 최악의 순간이 찾아왔다.

봄이 무르익는 5월 초, 옛 동료들과 오랜만에 식사를 하고 2차에서 거나하게 술도 마셨다. 새벽 1시 넘어 집으로 돌아와 자리에 누웠다. 그날 밤도 비몽사몽으로 흘러갔다. 그러다 갑자기 가위에 눌린 듯 숨이 콱 막히면서 의식이 깨어났다. 어떻게 해도 숨을 쉬기가 어려웠다. 괴롭고 두려운 마음은 이내 절망으로 가득 찼다. 절벽에서 뛰어내리듯 마음이 덜컥 내려앉았다. 뒤이어 심장이 맹렬히 뛰기 시작했다. '쿵쾅쿵쾅' 하는 소리가 내 귀에 천둥처럼 들렸다. 반사적으로 손목의 맥을 짚어보니 100m 달리기를 할 때처럼 빨랐다. 얼핏 벽시계를 보니 새벽 5시가 조금 넘은 시각.

이 증상을 오한이라고 해야 하나. 이불이 들썩거릴 정도로 몸이 부들부들 떨리기 시작하더니 급기야 이가 딱딱 부딪혔다. 전신에서 땀이 비 오듯 쏟아졌다. 몸과 마음이 완전히 무너져 내리는 느낌이 들었다. 이러다 미쳐버리거나 죽을 것 같았다. 극도의 공포가 엄습했다.

그렇게 1시간쯤 지났을까. 떨리는 몸을 진정시키고 억지로 숨을 쉬며 시계를 보니 불과 10분밖에 지나지 않았다. 집에는 아무도 없었다. 아내는 친정에 갔고 아들은 회사에서 야근 중이었다. 상황이 더 급박해지면 119에 신고해야겠다고 생각했다.

얼마쯤 시간이 지나자 격렬했던 떨림과 발작적 흥분 상태가 잦아들기 시작했다. 마음은 여전히 절망스러웠지만, 신체는 차츰 안정을 찾고 있었다. 시계를 다시 보니 30분도 지나지 않았다. 그러나 내게는 한나절처럼 느껴졌다. 엉금엉금 거실로 기어 나와 소파에 드러누웠다. 손가락을 움직일 기력조차 없었다. 옷은 다 젖어 있었다. 시원한 아침 바람이 몸을 스쳤다.

섣부른 모멸감이 공황발작으로

도대체 왜 이럴까. 물론 그간 내 컨디션이 정상은 아니었다. 그래도 이렇게까지 아플 일은 아니었다. 지난밤 상황을 돌이켜보았다. 옛 동료들을 만나 반가웠고, 왁자지껄 저녁 식사를 하니 울적한 마음도 좀 가셨다. 2차 맥줏집에서도 마찬가지였다. 잔을 부딪치며 건배하고 맥주를 들이켰다.

문제는 그다음에 일어났다. 옆자리에 앉아 있던 사람이 갑자기 건너편으로 자리를 옮겼다. 내 옆자리는 빈 채였다. 그 사람은 내가 직장을 그만둔 뒤에 입사한 터라 초면이었다. 그는 그저 자리를 옮긴 것뿐이었다. 그러나 그 순간 나는 엄청난 모멸감을 느꼈다.

'아, 저 친구가 나를 무시하는구나. 내 옆에 있기 싫어 자리를 옮겼구나.'

그 생각은 곧 합석한 다른 동료들에게로 이어졌다.

'이 사람들도 나를 그렇게 생각하겠지. 겉으로는 내색하지 않아도 속으로는 나를 형편없는 놈으로 볼 거야.'

마음 한구석에 시커먼 좌절감이 쿵 내려앉았다. 그때부터 심란한 마음을 정리하지 못한 나는 집으로 돌아와 그 상황을 머릿속에 반복해서 떠올렸다. 루미네이션의 발동. 그러다 결국 발작을 일으킨 것이다.

자격지심은 때로 무섭다. 인생에서 계획을 세우다가 접을 수도 있고, 마음처럼 안 될 수도 있는데 당시 나는 마치 대단한 실수나 실패를 한 양 심하게 자책했다. 그 자책감 때문에 평범한 인간관계나 상황도 엉뚱하게 해석하고 재가공해 스스로를 더욱 괴롭혔다.

'이런 말도 안 되는 일로 무너지다니, 참으로 연약하고 한심한 인간이구나. 도대체 난 이 나이가 되도록 뭐 하고 살았나. 앞으로 남은 인생도 가망 없겠구나.'

반추에 반추를 거듭할수록 자신이 한탄스러웠다. 시체처럼 누웠다가 시계를 보니 어느덧 정오를 가리키고 있었다. 입맛이 전혀 없었다. 씻고 싶은 마음도 없었다. 그래도 억지로 몸을 일으켜 욕실로 가 몸무게를 재보니 무려 4kg이 빠져 있었다. 30년 전 청년 시절 몸무게로 돌아간 것이다.

하룻밤 새 4kg이나 빠졌다는 사실이 이해되지 않았다. 심장과 맥박이 맹렬하게 뛰어 땀을 비 오듯 흘린 것이 마치 마라톤을 뛴 것과 같은 열량 소비를 가져온다는 사실을 나중에 알게 됐다.

그토록 고대하던 다이어트가 단번에 이루어졌지만 도리어 겁이 덜컥 났다. 열량을 늘려야겠다는 생각에 냉장고에서 아이스크림을 꺼내 숟가락으로 푹푹 퍼먹었다. 도넛도 먹었다. 평소 잘 먹지 않던 단 음식들을 마치 어린 시절로 돌아간 듯

우악스럽게 먹어댔다. 다시 몸무게를 재보니 금방 2kg이 늘었다. 마음이 약간은 안정됐다.

오후 늦게 돌아온 아내가 내 몰골을 보고 깜짝 놀랐다.
"당신, 왜 이래?"
"몰라, 너무 힘들었어. 심장이 뛰고 발작이 일어나고…."
정신이 헝클어진 내게서 나온 답변은 이 정도였다.
갑상샘 질환을 앓은 적 있는 아내는 혹시 갑상샘항진증이 아니냐며 바로 나를 이끌고 동네 내과로 갔다. 나를 진찰한 의사는 고개를 저으며 갑상샘보다 정신적인 데 문제가 있는 듯하니 종합병원으로 가보라고 권했다. 그러면서 지나가는 말로 한마디 했다.
"일종의 공황장애 증세 같네요."
공황장애는 개그맨 이경규가 앓는다고 밝혀 알게 됐다. 그때만 해도 남의 일로 여겼다. 인기 연예인들이 겪는 스트레스를 과장되게 말하는 것인 줄 알았다. 몇 달 전에는 친한 언론계 후배가 운전 중에 갑자기 공황장애 발작을 일으켜 죽을 뻔한 일도 있었다. 다행히 지나가던 차량 운전자가 병원으로 데리고 가 살렸다는 이야기를 들었을 때도 나와는 상관없는 이야기로만 생각했다. 그런데 그게 나를 찾아왔단 말인가.

집에 돌아와 인터넷으로 '공황장애'를 검색해보니 이렇게 나왔다.

> 특별한 이유 없이 예상치 못하게 나타나는 극단적인 불안 증상으로 공황발작이 주요한 특징인 질환이다. 죽음에 이를 것 같은 극도의 공포심이 느껴지면서 심장이 터지도록 빨리 뛰거나 가슴이 답답하고 호흡이 곤란해지며 땀이 나는 등의 신체 증상이 나타난다.

내가 겪은 그대로였다. 일종의 공황발작이 일어난 것이며, 이 증상이 반복되면 공황장애, 우울증 등 정신병으로 발전하게 된다고 적혀 있었다.

자율신경계는 우리 몸의 긴장과 이완을 조절하는 역할을 한다. 우리 몸을 조종하는 '보이지 않는 힘'인 셈이다. 크게 교감신경계와 부교감신경계로 나뉘는데, 교감신경계는 몸이 스트레스를 받을 때 활성화되며 심장박동 증가, 혈압 상승, 호흡 가속, 근육 긴장 등의 반응을 유발한다. 급박한 상황에서 '싸우거나 도망쳐라(Fight or Flight)'라는 신호를 보내는 것이다.

부교감신경계는 반대로 몸을 이완시키고 회복시키는 역할을 한다. 심장박동을 느리게 하고, 혈압을 낮추며, 소화를 촉진하는 등 몸을 안정시키는 방향으로 작용한다.

공황발작은 교감신경계가 과도하게 활성화되고 부교감신경계가 제대로 작동하지 않을 때 발생한다. 즉 몸이 실제 위험에 처한 것이 아님에도 신경계가 극단적인 '위기 모드'로 작동하면서 신체적인 증상이 나타나는 것이다.

공황발작 자가진단표

공황발작은 갑작스럽고 강렬한 불안과 공포가 몰려오는 상태로, 심장이 두근거리고 숨이 막히는 증상이 나타난다. 환자는 미쳐버리거나 죽을 것 같은 극단적인 공포를 경험한다. 보통 10~30분 이내에 증상이 사라지지만, 이후 또다시 발작할까 봐 불안해하는 것이 특징이다.
공황장애란 공황발작이 반복되거나, 이후 발작 가능성을 과도하게 걱정할 경우 진단한다.
다음 중 4개 이상 해당하면 공황발작 가능성이 높다.

- ☐ 심장이 두근거리거나 빨라진다.
- ☐ 땀이 많이 난다.
- ☐ 숨이 막히거나 답답한 느낌이 든다.
- ☐ 가슴이 아프거나 압박감이 있다.
- ☐ 메스껍거나 어지럽다.
- ☐ 미쳐버릴 것 같거나 자제력을 잃을 것 같다.
- ☐ 죽을 것 같은 두려움이 있다.

참고자료 | 미국정신의학회(APA), 서울대학교병원 의학정보

우울증 진단, 내 인생은 이대로 끝인가?

난데없는 공황발작은 내면에서 나오는 격렬한 반응이었다. 최악의 상태로 치닫는 심신을 이렇게 놔두면 안 되니 돌보라는 신호였다. 정신의학자 카를 구스타프 융(Carl Gustav Jung)은 "질병은 자연이 인간을 치유하기 위해 기울이는 노력이다"라고 말했다. 질병을 부정적으로만 보지 말고, 우리 몸이 균형을 회복하려는 과정으로 이해해야 한다는 의미다.

지금 돌아보면 내게 100% 옳은 말이다. 만약 그때 공황발작이 오지 않았다면 나는 계속 혼자 끙끙 앓았을 것이고, 병은 더욱 악화됐을 것이다. 그러나 당시에는 몸이 보내는 신호를 알아채지 못한 채 그저 두려워하기만 했다.

완치가 안 된다고?

서둘러 종합병원을 찾아갔다. 우리나라에서 가장 큰 병원이었다. 순환기내과 전문의를 만나 내 증상을 설명했다.

"5개월 전에 제가 하려던 일을 접었는데 그 뒤 극심한 스트레스가 생겼습니다. 잠자다 벌떡 깨고 땀이 나고 가슴이 답답하고…. 3월 중순 이후 불면증이 심해져 지난 한 달 반은 거의 잠을 자지 못했습니다. 그러다 며칠 전에 공황발작 같은 증상이 나타났고요."

의사는 여러 검사를 마친 후 조심스럽게 말했다.

"자율신경계가 심하게 교란된 상태입니다. 갑상샘 같은 신체적 문제가 아니라 정신적인 부분이 원인으로 보입니다. 스트레스와 불면증이 누적되면서 우울증으로 발전한 것 같습니다. 정신과 치료를 고려해보셔야 합니다."

그 순간 가슴이 덜컥 내려앉았다. 정신과라니… 말도 안 돼.

"정신과에 가지 않고 치료할 수는 없습니까? 제 의지로는 안 될까요?"

의사는 그런 나를 안됐다는 듯 물끄러미 바라보다가 입을 열었다.

"건강한 운동선수라도 감기몸살에 걸려 꼼짝하지 못할 때는 병원에 가서 치료를 받습니다. 마음의 병도 마찬가지입니다. 치료하지 않으면 더 악화할 수 있습니다."

그러나 나는 정신과 진료 기록이 남는 것이 두려웠고, 약물 치료에 대한 거부감도 컸다. 지금 생각하면 그렇게 두려워할 일이 아니었는데, 당시에는 모든 것이 부담스러웠다. 정신병원을 배경으로 한 영화 〈뻐꾸기 둥지 위로 날아간 새〉가 떠올랐다. 정신과 진료가 마치 인생의 낙오자, 실패자라는 낙인처럼 느껴졌다. 내가 미쳐가고 있다고?

집으로 돌아와 의사가 처방한 진정제와 수면제를 복용했다. 덕분에 그날 밤은 오랜만에 푹 잘 수 있었다. 다음 날 아침, 머리가 한결 맑아지고 마음이 조금 차분해졌다. 그 길로 우울증에 대한 자료를 찾아 읽기 시작했다.

우울증은 지속적인 우울감과 삶에 대한 흥미 상실이 주요 증상으로, 심한 경우 자살 사고로 이어질 수 있다. 환자의 80%가 불면증을 겪으며, 식욕과 체중 변화도 흔하다. 불안 증상이 동반되며 집중력 저하, 성욕 감소 등 인지·정서적 변화가 나타난다. 절반의 환자는 아침에 증상이 심해지고 오후에 완화되는 경향을 보인다. 일부는 신체적 이상(소화불량, 통증 등)으로 병원을 찾지만 명확한 원인이 발견되지 않아 진단이 늦어지기도 한다. 원인 불명의 신체 증상이 지속된다면 우울증을 의심해야 한다.

모두 내게 해당하는 얘기인데, 다만 여기에 우울증 핵심 증상으로 한 가지를 추가하고 싶다. 앞서 언급한 '루미네이션'이다. 인간이 느끼는 최하의 에너지 감정이 24시간 지배하다 보니 신경계가 쉴 수 없고, 몸이 정상적으로 작동하지 못하면서 결국 심신이 무너져 내린다.

우울증은 발병 원인도 다양하고, 그에 따른 치료도 환자별 맞춤형으로 진행돼야 한다. 일반 신체질환보다 훨씬 세심한 접근이 필요하며, 의사와의 호흡도 중요하다. 환자의 병력과 성향을 깊이 이해하고 치료에 신뢰를 주는 의사를 찾아야 한다.
그러나 정신과 치료는 아직 여러 면에서 미흡하다. 두뇌와 신경계를 직접 검사하기가 쉽지 않고, 심리 상태를 정밀하게 측정하기도 어렵다. 많은 환자가 병을 인정하지 않거나 숨기는 터라 짧은 진료 시간에 정확한 진단을 하기가 쉽지 않다.

나는 지인이 추천한 개인병원을 찾았다. 서너 사람이 앉아 진료를 기다리고 있었다. 수심이 가득한 표정의 40대 아주머니, 백수로 보이는 20대 청년, 30대 초반 여성… 다들 활기를 잃은 모습이었다. 나는 그들 사이에서 괜한 부끄러움을 느꼈다.

50대 중반으로 보이는 원장이 몇 가지 테스트와 진찰을 마친 뒤 말했다.

"우울증인데 한 1년은 치료받아야 할 겁니다. 선생님은 그동안 보통 사람들보다 훨씬 바쁘게 살아왔습니다. 심신이 지친 것이죠. 이제 모든 걸 내려놓고 쉬세요."

나는 그 말을 받아들이기가 어려웠다. 내 나이 이제 56세. 그런데 현역에서 물러나라니….

"무릎을 많이 쓰면 연골이 닳듯 머리와 마음도 지나치게 사용하면 지칩니다. 신경전달물질이 원활히 공급되지 않으면 우울증이 심해질 수 있습니다. 그래서 행복감을 높이는 신경전달물질을 인공적으로 공급해줘야 합니다."

"그게 뭐죠?"

"세로토닌(serotonin)이라고 합니다."

세로토닌은 기분을 조절하는 신경전달물질로, '행복 호르몬'이라고도 불린다. 세로토닌이 부족하면 우울감, 불안, 수면장애가 심해질 수 있다. 햇볕을 많이 쬐고, 규칙적으로 운동을 하며, 단백질과 비타민B가 풍부한 음식을 섭취하면 세로토닌 분비가 활발해진다. 부족하면 처방을 통해 약으로 복용할 수도 있다.

"치료를 받으면 완쾌될 수 있나요?"

무엇보다도 완쾌 여부가 중요했다. 이 지긋지긋한 병을 고치지 못해 평생 마음의 기운이 다운된 채 살아가야 한다면 정말 힘들 것 같았다.

"이런 병은 어차피 완치란 없고… 이젠 병과 함께 살아갈 수밖에 없습니다."

심드렁한 표정에 사무적인 말투. 불치병을 선고하는 듯한 그의 태도에 몹시 실망했다. 그는 완치에 대한 내 열망마저 꺾어놓을 참이었다. 의사가 이렇게 의지가 없으니 치료는 결국 나 혼자 해야 하는 것인가.

나는 의료보험 대신 일반 진료비로 결제했다. 정신과 기록이 남는 것이 꺼려졌기 때문이다.

집으로 돌아와 약을 복용했다. 덕분에 모처럼 푹 잘 수 있었다. 그러나 난생처음 세로토닌을 먹은 기분은 묘했다. 내 정신이 마치 화학물질의 지배를 받는 듯한 느낌…. 무엇이 진정한 내 자아일까. 썩 좋은 기분은 아니었다. 그러나 약은 효력이 있었다. 머리도 맑아지고 맥박도 좋아졌으며 어두운 마음의 그늘도 걷혔다. 아랫배 통증도 사라졌다.

역시 잠이 보약이었다. 이틀을 내리 푹 자고 나니 딴 세상이 나타났다. 기운이 솟고 활력이 생겼다. 우울증의 핵심에 불면(不眠)이 도사리고 있다는 사실이 실감되었다.

우울의 진짜 이유에 다가서기

오랜만에 몸과 마음이 정상으로 돌아오자 지난 5개월을 차분히 돌아볼 수 있었다. 그동안의 느낌을 음악으로 표현하자면 'Gloomy Sunday(우울한 일요일)'였다. 1930년대 초 유럽에서 유행한 이 노래는 특유의 염세적인 분위기 때문에 자살자가 속출했고, 결국 유럽 전역에서 방송이 금지됐다. 그때 내 머릿속을 지배한 생각은 두 가지였다.

'내 인생은 이제 끝인가?'

'나는 결국 실패자인가?'

대학을 졸업하고 곧바로 언론계에 뛰어든 내게 사회 문제는 늘 관심사였다. 22년 다니던 신문사를 스스로 나와 몇 년간 혼자 글을 쓰고 지낼 때도 그랬다. 그 후 우연한 기회로 공직 생활을 하게 돼 청와대에서 비서관으로 몇 년간 일했다. 기자로서 비교적 담백한 생활을 하다 권력의 세계에 들어와 보니 여야를 막론하고 정치인들의 행태에 실망한 적이 한두 번이 아니었다. 직설적인 내 성격과도 맞지 않고 부딪치는 일도 점점 많아졌다. 거기에 기생하는 정치꾼, 시민단체, 각종 조직들은 또 어떤가.

MBTI 성격 유형으로 보면 나는 실용적이고 현실적인 감각형(S)이라기보다 미래와 이상을 중시하는 직관형(N)에 가깝다. 돌다리도 두드려보고 건너는 스타일이 아니라 일단 부딪쳐보는 스타일이다. 권부(權府)의 세계를 들여다보면서 민주화된 사회가 그다지 잘 굴러가지 않는다고 생각했다. 내 속에 쌓인 욕망과 분노가 합작해 나는 스스로 힘을 가져야겠다고 생각해 국회의원 도전을 결심했다. 2012년 4월에 열리는 19대 총선을 겨냥해 그보다 1년 전인 2011년 봄, 사표를 내고 준비를 시작했다.

그러나 정치의 세계는 만만치 않았다. 연고도, 후원 세력도,

재정적 지원도 부족했다. 무엇보다 정치 생리가 나와 맞지 않았다. 결국 2011년 12월, 선거를 4개월 앞두고 출마 계획을 접었다. 주위에서는 좀 더 버텨보라고 했지만 나는 결단을 내렸다. 그 뒤로 이어진 지옥 같은 5개월.

내 나이 만 55세. 인생의 후반기에 접어들면서 신중한 연착륙이 필요했는데, 나는 너무 급하게 방향을 틀고 급제동을 했다. 그것이 정신적 붕괴를 초래했다.

'왜 국회의원을 하겠다고 했지? 기자 시절에는 정치에 관심조차 없던 내가.'

후폭풍은 생각보다 훨씬 거셌고, 전혀 예상치 않은 마음의 병으로 나를 몰아갔다.

우울증 자가진단표

우울증 자가진단을 위해 널리 사용되는 PHQ-9(Patient Health Questionnaire-9) 검사는 미국에서 개발되어 전 세계에서 활용되고 있는 신뢰할 수 있는 테스트다. 지난 2주 동안 다음 증상을 얼마나 자주 경험했는지 돌아보고, 해당하는 빈도를 선택한다. 총점 10점 이상이면 전문가 상담을 고려할 필요가 있다.

- ☐ 일상 활동에 대한 흥미나 즐거움 감소
- ☐ 우울하거나 희망이 없다고 느낌
- ☐ 수면장애(잠들기 어려움, 자주 깸, 과다수면)
- ☐ 피로감 또는 에너지 부족
- ☐ 식욕 변화(감소 또는 증가)
- ☐ 자신에 대한 부정적인 생각(자기 비하, 실패감)
- ☐ 집중력 저하
- ☐ 느린 움직임 또는 과도한 초조함
- ☐ 자살 또는 자해에 대한 생각

점수 계산 방법
전혀 없음: 0점
며칠 동안: 1점
일주일 이상: 2점
거의 매일: 3점

총점 해석
0~4점: 우울 증상 없음
5~9점: 경미한 우울증
10~14점: 중간 정도 우울증
15~19점: 중증도 우울증
20~27점: 심한 우울증

참고자료 | 미국정신의학회(APA), 미국 국립정신건강연구소(NIMH)

악마의 주술에 걸린 불면의 밤

　컨디션이 잠깐 좋아지니 약에 의존하지 말고 자력으로 극복해야겠다는 생각이 들었다. 사흘째 되는 날 약을 끊었다. 그러나 딱 사흘간이었다. 약을 먹지 않으니 다시 잠을 자지 못하게 됐고, 혈압이 높아지고 맥박은 빨라졌다. 마음 상태도 금세 어두컴컴해졌다.

　이미 내 몸과 마음의 신경 시스템은 우울증의 손아귀에 들어가 있었다. 내 의지나 결심이 전혀 통하지 않았다. 운동으로 극복해보겠다고 없는 기운을 쥐어짜 서울 근교의 산을 찾았다. 그러나 등산을 막 시작하려는 순간, 격렬한 마음 앓이가 시작됐다.

'넌 극복할 수 없어.'

'평생 절망 속에 살 거야.'

마음속에서 들려오는 목소리는 나를 옴짝달싹 못 하게 만들었다. 나는 결국 등산을 포기하고 주저앉았다.

마음은 롤러코스터를 타고

상황은 더 악화됐다. 아침부터 저녁까지 꼼짝 않고 거실 소파에 누워만 있었다. 평소 나는 가만히 있지 못하는 성격이었다. 일요일에 TV나 보며 빈둥거리는 것을 가장 싫어했던 내가 하루, 이틀, 계속해서 소파에서 움직이지 않았다.

모든 것이 귀찮았다. 아내가 산책을 가자고 해도, 맛있는 음식을 먹자고 해도 손사래를 쳤다. 평생 습관이던 신문 읽기도 멈췄다. 세상이 어떻게 돌아가는지 알고 싶지도 않았고, 읽으려 해도 글이 머릿속에 들어오지 않았다. 세상만사에 대한 흥미가 증발해버린 것이다.

반면 소음에는 극도로 예민해졌다. 아내가 식탁에 수저나 컵을 놓는 소리도 신경을 긁었고, 문 여닫는 일상적인 소리에도 가슴이 철렁 내려앉았다. 전화를 걸었는데 상대방이 받지 않으면 불안했다. '일부러 안 받는 건 아닐까?', '다시 걸어줄까?' 별의별 생각이 다 들었다.

불면이 계속되던 어느 날 밤에는 주위 사람들에게 사과 편지를 쓰기 시작했다. 그동안 나를 도와준 사람들에게 미안하다는 내용이었다. 물론 보내지는 않았지만, 그 순간 내 행동은 정상적인 것이 아니었다.

보다 못한 아내가 내게 여행을 권유했다.

"여행하다 보면 기분 전환도 되고 의욕도 생기지 않을까?"

3박 4일의 여행을 준비하는 데 몇 시간이 걸렸다. 간단한 짐도 꾸리지 못할 정도로 정신이 갈피를 잡지 못했다. 정오가 넘어 겨우 차를 몰고 출발했다. 충청도 자연휴양림에서 1박을 한 후, 경남 함양의 지리산 자락으로 향했다. 그러나 여행 내내 아무런 느낌도 없었고, 불면증은 여전했다.

사흘째 아침, 지리산 정상인 천왕봉에 오르기로 마음먹었다. 등산로 입구에서 정상까지 8km, 예상 소요 시간은 5시간. 과거에도 등정 경험이 있어 어렵지 않으리라 생각했는데, 전혀 아니었다. 하체의 힘이 빠져 다리가 후들거렸고, 땀은 비

오듯 흘렀다. 결국 2km도 가지 못하고 포기했다.

패배자의 심정으로 터덜터덜 내려와 식당 앞 파라솔에 앉아 막걸리와 파전을 시켰다. 땀을 많이 흘려서 그런지 막걸리 맛이 기가 막혔다. 두 잔을 연거푸 마시자 오랜만에 흥이 돌았다.

갑자기 주변이 활기를 띠었다. 죽어 있던 내 감각이 살아나는 듯했다. 사람들의 웃음소리가 선명하게 들리고, 아이들이 뛰노는 모습이 눈에 들어왔다. 마치 다른 세상에 온 듯했다.

우울증이 심해지면 감정이 사라지고, 마음이 사막화된다. 나는 몇 달 동안 웃지도, 울지도 않았다. 그런데 막걸리 몇 잔에 감정이 돌아오기 시작했다. 숙소로 돌아오는 길, 악을 쓰듯 소리쳤다.

"나는 회복되고 있다! 다시 열심히 살 것이다! 하늘도 나를 도울 것이다!"

소리를 지르자 가슴이 시원해지면서 갑자기 눈물이 왈칵 쏟아졌다. 몇 달 만에 내리는 단비 같았다. 울 수 있다는 사실이 감격스러웠다. 결코 과장이 아니다. 예전에는 너무나 당연했던 감정과 느낌이 감각기관을 통해 다시 살아나고 있다는 것만으로도 하늘의 축복같이 느껴졌다.

이날 오후는 모든 것이 정상적인, 아니 매우 행복한 시간이었다. 지리산의 아름다운 풍광이 눈부셨고, 스치는 산들바람이 시원했다. 참으로 오랜만에 산책의 즐거움을 느꼈고, 마주치는 동네 아이에게 미소를 보여줄 수 있었다.

　그간 괴로웠던 변비 증세도 사라졌다. 식욕도 되살아났다. 나는 물어물어 인근에서 음식을 잘한다는 식당을 찾아가 등심구이와 소주를 시켜 저녁을 맛있게 먹었다.

　'역시 지리산에 오길 잘했어. 산의 정기를 받았는지 모든 것이 정상으로 돌아가고 있어. 좋다. 약 기운에 의존하지 말고 자력으로 이겨내 보자.'

　나는 이렇게 희망적인 생각을 하며 잠자리에 누웠다.

　그러나 고대하던 잠은 찾아오지 않았다. 다시 불면의 지옥이 시작됐다.

　왼쪽으로 누웠다가 바로 눕고, 다시 오른쪽으로 누웠다. 방이 답답해 이불을 들고 거실로 나왔다. 10분쯤 지나자 냉장고 소음이 우렛소리처럼 들려 아예 플러그를 뽑아버렸다. 몸에서 열이 뻗쳐 이불을 차버렸지만, 이내 한기가 느껴져 다시 덮었다.

1부터 1,000까지 숫자를 세고, 기도하고, 정좌하고 단전호흡도 해봤다. 그러나 어떤 방법도 통하지 않았다. 절망과 비탄이 다시 나를 덮쳤다. 먼동이 틀 무렵, 나는 '이건 신의 저주다. 천벌을 받고 있는 거다'라는 생각에 사로잡혔다. 불면의 밤은 악마와의 싸움이었다.

이렇게 살 바에는 차라리…

지리산에서 느꼈던 잠깐의 희망은 다시 절망으로 바뀌었다. 내 마음은 만신창이가 됐다.

머리는 어수선하고 몸은 무거웠지만, 다음 날 조찬 강연 스케줄 때문에 서울로 돌아가야 했다. 그러나 장기간의 불면으로 머리는 판단 능력을 잃었고, 마음은 사막처럼 굳었다. 몸도 마음대로 움직여주지 않았다. 간단한 짐을 싸는데도 1시간 넘게 걸렸다. 가까스로 차를 몰고 나섰다. 과연 서울까지 무사히 갈 수 있을까.

톨게이트가 보였지만 진입로를 찾지 못했다. 그때 왼편에서 직원이 소리쳤다.

"아저씨, 그리로 가면 안 됩니다! 이리로 오세요!"

어리둥절해 쳐다보니 아까는 보이지 않던 요금정산소가 있었다. 직원은 한심하다는 듯 말했다.

"거긴 길이 아닙니다. 안내판이 보이지 않으세요?"

가까스로 후진해 톨게이트를 통과한 뒤, 왕복 4차선 도로로 진입했다.

그런데 갑자기 저 앞에서 웬 승용차가 정면으로 다가오면서 미친 듯이 경적을 울려댔다. 급히 핸들을 오른쪽으로 돌려 차를 피하니 상대편 운전사가 창문을 열고 욕설을 퍼부었다.

"야, 이 ×××야, 죽으려고 환장했나!"

내 차가 중앙선을 넘어 반대편 차선에서 달린 것이었다. 나는 온 신경을 집중해 차를 몰았다. 그러나 의지와 달리, 마치 보이지 않는 손에 이끌리듯 내 차는 어느새 중앙선을 넘어가 또 반대편에서 달리고 있는 것이 아닌가. 등골이 오싹했다.

얼마쯤 달렸을까, 서울행 고속도로 진입을 알리는 표지판이 나타났다. 그런데 얼마쯤 달리니 또 그 표지판이 보였다. 분명히 그쪽으로 갔는데 엉뚱한 길로 빠져버린 것이다. 이러기를 수차례. 다람쥐 쳇바퀴 돌듯 뱅뱅 도는 바람에 1시간가량을 허비했다. 이건 거의 금치산자 수준이었다.

간신히 서울행 도로에 진입해 달리기 시작했다. 긴장이 풀리며 피로가 몰려왔다. 서울까지 멀쩡히 갈 자신이 없었다. 마침 저 멀리 갓길이 보였다. 차를 세우고 운전석 등받이를 뒤로 젖혀 쉬려 했다. 그러나 다시 온갖 생각이 머리를 어지럽혔다.

할 수 없이 다시 차를 몰았다. 갑자기 악령이나 마귀가 나를 지배하고 있다는 생각이 들었다. 그렇지 않다면 이토록 이해할 수 없는 행동을 할 수는 없었다. 이 정도로 나를 통제하지 못하기는 처음이었다.

불현듯 세상을 끝내버리자는 생각이 들었다. 이 또한 난생처음이었다. 이래도 힘들고 저래도 괴롭고, 인생 전체를 돌아봐도 되는 것도 없고 발전도 없으며 늘 힘들게 살아왔다는 생각이 들었다.

'이렇게 살 바에는 차라리 인생을 끝내자. 그것이 덜 구차한 방법 아닐까.'

속도는 시속 100km. 왼쪽 중앙분리대를 넘어갈까, 아니면 오른쪽 난간을 들이받을까.

그때 휴대폰이 울렸다. 지인의 전화였다. 그는 내 안부와 함께 지금 어떤 일을 하고 있느냐고 물었다.

"좀 쉬고 있습니다."

그는 반색하며 말했다.

"아, 그래요? 실은 함 형에게 맞을 만한 자리가 있어서 알려드리려고요. 미디어 관련 공기업에서 경영진을 응모 중이던데 한번 신청해보시는 게 어떨까요? 경력에도 맞고, 잘하실 것 같아서요."

그 순간 정신이 번쩍 들었다. 삶을 포기하려던 내게 다시 일할 기회가 생긴 것이다. 절벽 끝에 매달려 있던 내게 하늘에서 동아줄을 내려준 느낌이었다. 칠흑 같은 밤에 나타난 한 줄기 빛이라고 할까. 난생처음 초자연적인 느낌이 들었다.

인생에서는 간혹 인간의 이성이나 논리로 설명할 수 없는 일들이 일어나곤 한다. 만약 그날 그 시각, 그 전화가 없었다면 난 어떻게 됐을까?

자살로 이어질 수 있는 병

지리산에서 서울로 돌아와 아파트 주차장에 차를 세웠을 때 처음 떠오른 단어는 '구사일생(九死一生)'이었다. 불과 반나절 동안 몇 차례나 죽을 고비를 넘겼다. 이것이 우울증이 불러오는 현실이었다.

우울증은 자살로 이어질 수 있는 병이다. 수많은 이가 한순간의 잘못된 판단으로 돌아올 수 없는 강을 건넜다. 2014년 할리우드 배우 로빈 윌리엄스가 스스로 생을 마감했을 때, 나는 그 심정을 조금이나마 이해할 수 있었다. 〈죽은 시인의 사회〉, 〈굿모닝 베트남〉, 〈미세스 다웃파이어〉, 〈굿 윌 헌팅〉 등 수많은 명작에서 따뜻하고 유머러스한 모습을 보여줬던 그였지만, 오랫동안 우울증과 싸웠다. 가수 휘트니 휴스턴도 마찬가지였다. 2012년, 그녀는 호텔 욕조에서 숨진 채 발견됐다. 남편과의 불화, 마약, 우울증으로 삶이 무너졌다. 'I Will Always Love You', 'Greatest Love of All' 같은 명곡을 남긴 그녀였지만, 우울증은 그녀의 영혼까지 잠식했다.

한국은 OECD 국가 중 자살률 1위다. 2003년부터 지금까지 20년 넘게 그 자리를 지키고 있다. 2023년 기준 인구 10만 명당 27.3명이 스스로 목숨을 끊었다. 하루 평균 30명 이상이 자살하는 셈이다. 2000년대 초반 배우 이은주, 유니, 정다빈, 최진실, 최진영, 박용하, 채동하, 조성민 그리고 노무현 전 대통령까지 한 시대를 빛낸 사람들이 극단적인 선택을 했다. 대법원장까지 지낸 원로 인사가 90세를 앞두고 한강 다리에서 스스로 몸을 던진 일도 있었다.

2010년대 초반 〈인터내셔널헤럴드트리뷴(IHT)〉은 한국 사회의 정신병리적 현상을 이렇게 분석했다.

'한국에서는 매일 30여 명이 자살로 생을 마감한다. 한국의 인구 대비 자살률은 미국의 3배 수준이다. 최근 몇 주간 대학 총장, 아이돌 그룹 리더, 스포츠 아나운서, 축구선수, 대학생, 교수 등이 잇따라 목숨을 끊었다. 한국에서 정치인과 기업인, 연예인 자살은 이제 일상사가 됐다.'

자살의 80~90%는 우울증과 직접적인 연관이 있다. 실제로 한국의 우울증 환자 수도 심각하다. 보건복지부에 따르면 우울증 진단을 받은 환자가 100만 명을 넘어 2022년부터 우울증 유병률 OECD 1위에 올랐다. 하지만 실상은 이보다 몇 배 더 많을 것이다. 병원을 찾는 환자가 전체의 30%에도 미치지 못한다고 하니 말이다.

선진국에서는 정신과 진료나 심리상담이 우리가 감기에 걸려 병원을 찾는 것만큼 일상적이다. 그러나 한국에서는 다르다. 우울증을 겪으면 먼저 창피한 감정이 든다. 병을 쉽게 인정하지 않는다.

'말도 안 돼. 내가 왜 우울증에 걸려?'

그래서 누구에게도 말하지 않는다. 심지어 배우자에게도 숨긴다. 표정, 말투, 행동에서 이상한 징후가 드러나도 핑계를 댄다.

"요즘 일이 많아서 그래."

그러는 사이 상황은 점점 나빠진다. 그럼에도 여전히 정신과를 찾는 것은 '마지막 선택'처럼 느껴진다. 정신과를 드나든다는 사실이 남들에게 알려지는 것이 두려워 약국에서 수면제나 진정제를 사 먹으며 버틴다. 한 정신과 전문의는 이렇게 말했다.

"한국에서는 정신적인 문제를 터놓고 이야기하는 것이 금기시된다. 정신과에 가면 평생 낙인이 찍힌다고 생각하는 경향이 강하다."

그래서 많은 환자가 건강보험기록에 정신질환코드(F코드)가 남는 것을 꺼려 비보험진료를 택한다. 나도 그랬다. 그러나 의료법 제21조에 따라 본인 동의 없이는 제삼자가 진료 기록을 열람할 수 없다. 민·형사소송, 병역, 감염병 관련 법률에 따라 예외적으로 기록을 요청할 수 있지만, 이 경우도 담당 의사가 제공 여부를 판단할 수 있다.

불면증 극복 실천 사항

미국 수면재단(NSF)의 권고 사항은 다음과 같다.
- **일관된 수면 유지**: 주말을 포함해 매일 같은 시간에 잠자리에 들고 일어나기
- **수면 환경 최적화**: 침실을 조용하고 어둡게 유지하며, 온도를 쾌적하게 설정하기
- **전자기기 사용 제한**: 취침하기 30분~1시간 전부터 스마트폰, 컴퓨터, TV 등 사용 금지
- **낮잠 제한**: 하루 20~30분 이내로 제한

영국국민보건서비스(NHS)에서는 다음 네 가지 사항을 권고한다.
- **규칙적인 운동**: 단, 취침 직전에는 격렬한 운동 피하기
- **카페인 및 알코올 섭취 조절**
- **이완 기술 활용**: 명상, 깊은 호흡, 요가 등의 이완 기술을 통해 스트레스를 줄이고 수면 촉진
- **걱정거리 정리**: 취침 전에 걱정거리를 적어두고 다음 날 해결하는 습관을 들여 마음의 안정 찾기

이렇게 시도해도 불면증이 지속된다면, 더 악화하기 전에 전문 의료진과 상담해 적절한 치료를 받는 것이 중요하다.

> **자살예방 핫라인**
>
> 자살예방상담전화 109   정신건강상담전화 1577-0199
> 보건복지상담센터 129   한국생명의전화 1588-9191

우울증 극복의 첫 단계, 약물요법

죽음의 문턱에서 구해준 전화 한 통을 계기로 나는 헝클어진 심신을 억지로 추스르며 본격적으로 입사 준비를 했다. 이 절망감에서 벗어나기 위해서는 어쨌든 몰두할 일, 출근할 곳이 필요했다.

지인이 소개해준 곳은 우리나라 미디어 산업에서 중심 역할을 하는 공기업이었다. 서류를 준비해 임원직에 응모했다. 회사 관계자들을 만나 인터뷰도 했다. 업무 성격상 내게 익숙하고 맞는 일이라 그런대로 잘 설명할 수 있었다. 면접을 위해 전에 갔던 정신과 의원을 찾아 약도 처방받았다. 약의 도움을 받아서라도 심신 상태를 온전하게 만들어야 했다.

며칠 뒤 합격 통지를 받았다. 그런데 기쁘기보다는 오히려 불안했다. 내가 과연 잘할 수 있을까? 경영을 이끌어갈 수 있을까? 자신감이 바닥인 상태였다.

우울증 치료에는 의사와의 신뢰관계가 관건

불안감은 급기야 회사 직원들이 나를 반대할 것 같다는 두려움으로 발전했다. TV 뉴스에서 보았던, 노조원들이 임원의 출근을 저지하는 광경이 떠올랐다.

'그러면 어쩌지? 밀고 들어가? 지금 나로선 도저히 못 해….'

갑자기 불안이 나를 지배하면서 호흡이 기빠지고 신장이 빨리 뛰더니 땀이 비 오듯 쏟아지기 시작했다.

아내는 손사래를 쳤다.

"당신 왜 그래? 무슨 잘못을 저지른 것도 아니고, 노조가 반대할 만큼 유명한 사람도 아닌데."

맞는 말이었다. 마음이 다소 놓였다. 그러나 조금 있으니 또 다른 불안감이 스멀스멀 올라왔다.

'혹시 누군가가 악의적으로 지어낸 투서를 보낸다면….'

마치 국회 인사청문회를 준비하는 장관 후보자나 된 것처럼 온갖 불안을 초대해 최악의 시나리오를 지치지도 않고 만들었다. '도둑이 제 발 저린다'라는 속담이 있다. 그러나 우울증은 멀쩡한 사람도 제 발 저리게 만든다. 일종의 불안장애 증상이었다.

급기야 주위에서도 권했다.

"정신과에 정식으로 한번 가보세요. 요즘 모습이 예전과 많이 달라요."

그러나 지난번에 갔던 병원은 다시 가고 싶지 않았다. 그래서 아는 의학 전문 기자를 통해 임상경험이 풍부한 개인병원을 소개받았다. 알고 보니 원장은 대학 2년 후배였는데, 오히려 한참 선배 같은 느낌이 들었다. 그만큼 내가 심리적으로 위축돼 있었던 것이리라. (대인관계에서 이런 식으로 위축되는 경향은 이후로도 오래 계속됐다.)

내 증상과 과거 이야기를 들은 원장이 말했다.

"급성인 것 같은데 완쾌될 수 있습니다. 원래 그런 기질이나 병력의 소유자도 아니고요. 선생님 상황이나 연령대가 우울증에 취약할 수 있습니다. 요즘은 약과 치료법이 좋아져

만성 환자도 고치죠. 물론 본인 스스로 이겨내야겠다는 의지, 의사의 처방을 믿고 따라가겠다는 마음가짐이 무엇보다 중요해요."

원장의 진단서에는 이렇게 적혀 있었다.

심장 뛰고, 가슴 답답,

아랫배 불편하고, 잠들기 힘들고,

열이 훅 올라오고,

잡념 많고 불안과 초조,

잠 뒤척거리고, 아침 기분 아주 안 좋고,

melancholy type(멜랑콜리 유형), 만사 귀찮고…

"어느 정도 치료받아야 하나요?"

"넉넉히 잡아 1년 정도? 환자마다 다르죠. 더 길 수도, 단축될 수도 있고요."

"완쾌하면 전처럼 정상 생활을 할 수 있나요?"

나는 그것이 가장 궁금했다. 우울증은 심리적으로 '돌아올 수 없는 강'을 건넜다는 절망감의 신호를 계속 주기 때문이었다.

"그럼요. 오히려 정신력이 더 강해지기도 해요. 자신의 약점을 알면 더 조심하게 되고, 그래서 노력하다 보면 오히려 더 강해집니다. 성공한 운동선수들을 보면 어릴 적에 허약했던 걸 계기로 운동을 시작한 경우가 많아요. 정신도 마찬가지입니다."

그의 말은 내게 하늘에서 내리는 복음같이 들렸다. 시원시원하게 말하는 그에게서 나는 희망과 신뢰를 동시에 느꼈다. 아, 의사는 이래야 한다.

"다시 한번 강조하지만 관건은 환자의 '의지'와 '자신감'입니다. 극복할 수 있다고 마음먹으면 극복할 수 있고, 해낼 수 없다고 생각하면 아무것도 바뀌는 게 없어요. 꼭 이겨내야겠다는 마음으로 치료에 임하세요."

그는 내가 싸워야 할 대상을 분명히 말해주고 꺼져가던 전의(戰意)를 되살려주었다. 참으로 오랜만에 마음이 환해졌다. 희망의 빛이 솟아나는 것 같았다. 나는 치료에 어떤 방법이 있느냐고 물었다.

약물요법과 인지행동치료

치료는 '약물요법'과 '인지행동치료' 두 가지를 병행했다. 내가 약을 거북스러워하는 걸 아는 원장은 거듭 강조했다.

"몸살이나 식중독에 걸렸을 때 약을 먹어야 하듯, 우울증도 마찬가지입니다. 의지만으로는 안 됩니다."

그는 우울증 환자를 배터리가 방전된 자동차에 비유했다. 방전된 차는 그냥 놔두거나 민다고 시동이 걸리지 않는다. 외부에서 전원을 배터리로 연결해 시동을 걸어주어야 한다. 우울증에 약물치료가 필요한 이유다.

인지행동치료(Cognitive Behavioral Therapy, CBT)는 의사와의 상담을 통해 환자가 스스로 잘못된 심신 상태를 교정하고 활기를 되찾게 해주는 과정이다. 말하자면 또다시 방전되지 않도록 운전 습관을 바로잡아주는 것이다.

"차가 시동이 걸리고, 이후 운행을 통해 배터리가 충전되면 외부 도움 없이 혼자서도 잘 굴러가게 됩니다. 그것이 1차 치료의 핵심입니다."

그의 처방전(하루 기준)은 다음과 같았다.

- 수면제: 스틸녹스 10mg
- 항불안제: 렉토팜 1.5mg×2회, 인데놀 10mg×2회
- 항우울제: 렉사프로 10mg

내가 처방받은 약은 세 가지였다. 잠을 잘 자게 하는 수면제, 자율신경 조절을 통해 불안과 초조감을 완화하는 항불안제 그리고 우울한 감정을 억제하는 항우울제다. 우울증에 걸리면 '행복 호르몬'인 세로토닌이 줄어드는데, 이걸 막는 것이 항우울제다. 내가 지난번에 동네병원에서도 세로토닌을 처방받았는데 사흘 먹고 그만두었다고 하자, 원장이 정색했다.

"이 약은 소화제 같은 것이 아닙니다. 꾸준히 복용해야 효능이 나타납니다. 뇌 속에 세로토닌 양이 증가하면 마음이 즐거워집니다. 햇볕이 나면 기분이 좋죠? 환희, 희열, 쾌락과 같은 큰 기쁨이 아니라 잔잔한 기쁨…. 예를 들어 사랑하는 사람과 커피 한잔을 나눌 때 찾아오는 편안함, 휴일에 푹 쉴 때 느껴지는 평온감, 친한 사람과 만날 때의 설렘 등이죠. 한마디로 마음의 평화라 할까, 평상심의 회복이라 할까. 바로 그런 마음을 찾게 해드리는 게 치료의 포인트입니다."

그는 다시 한번 강조했다.

"제가 드린 처방전에 따라 약을 드십시오. 임의로 줄이거나 중단하시면 안 됩니다. 앞으로 일주일에 두 번씩 오실 텐데 본인의 상태를 정확하게 말씀해주셔야 합니다. 만약 지금 용량으로 효험이 없으면 복용량을 늘릴 것이고, 반대로 효과가 좋으면 차츰 줄여가다 끊을 것입니다."

그러면서 그는 인지행동치료의 일환으로서 긍정적인 정신 상태와 마음가짐의 훈련을 강조했다.

"지금은 늘 마음이 괴로울 텐데 항상 긍정적인 마음을 가지도록 노력하세요. 혹시나 죄책감이나 부정적인 생각이 들면 단호히 차단하십시오. 선생님의 인생 경력을 보면 어려운 여건을 잘 이겨내셨어요. 긍정적인 평가를 받아 마땅합니다. 그러니 좋게 생각하십시오. '세상만사 마음 정한 대로'라는 말이 있죠? 정말 맞는 말입니다."

그의 환자 중에는 부유층이 적지 않다고 했다.

"정말 부러울 것 없는 여건을 가지고도 전혀 행복하지 않은 이들이 예상외로 많습니다. 10가지 중 9가지가 잘돼도 한 가지가 안 되면 불행해하죠. 이것이 우울증입니다. 그러나 남편도 없이 파출부를 하면서 자식들을 키우는 아주머니들은 삶이 힘들지언정 우울증이 끼어들 여지가 없습니다. 그 어려운 여건 속에서 오직 자식을 잘 키워야겠다, 잘 살아야겠다는 뚜렷한 삶의 목표가 있기 때문입니다."

진료 시간은 30분을 넘어서고 있었다. 그는 마지막으로 이렇게 당부했다.

"약을 드시는 동안 심리적으로 굉장히 좋아질 때가 있을 겁니다. 갑자기 행복감과 자신감이 넘치고 병이 다 나았다는 생각을 하게 될 때가 있습니다. 그때를 조심하십시오. 그러다 다시 심리적으로 위축되는 일이 생길 수도 있습니다. 일종의 조울증 증상인데, 당분간은 어떤 큰 결정도 내리지 않는 게 좋습니다. 가령 이사를 해야겠다든가 직장을 옮기겠다든가 등등 말입니다."

인사를 하고 나오려는데 원장이 또 한 가지를 덧붙였다.

"아, 술을 좋아하신다고 하셨는데 당분간 안 드셨으면 합니다. 드시더라도 조금만 드세요. 마시고 나면 더 힘들어질 수도 있어요."

의사의 진단은 내가 지나친 성취 욕구로 스스로를 소모했고, 그에 따른 피로와 자책, 회한이 우울증으로 발전했으며,

치료의 첫 단계는 망가진 몸과 마음, 정신을 원래 상태로 회복하는 것이라고 했다.

"좀 쉬고 자신을 즐겁게 해주세요."

내 몸과 마음을 더는 혹사하지 말고 편하게 해주라는 것이었다.

우울증은 마음의 병이다. 단순히 약물치료로 극복할 수 있는 병이 아니다. 의사와의 신뢰관계가 무엇보다 중요하다. 의사의 표정, 동작, 말 하나하나가 큰 영향력을 발휘하고 위로가 된다. 유감스럽게도 전에 갔던 병원의 의사는 내게 그런 신뢰를 주지 못했다. 그러나 이번에 방문한 병원의 원장은 힘을 북돋워 주었다. 극복할 수 있다며 나를 격려하고 자신감을 불어넣어 주었다. 덕분에 마음에서 희망의 빛이 솟아나는 느낌이 들었다.

'콩으로 메주를 쑨다고 해도 믿지 않는다'라는 속담이 있다. 신뢰가 가지 않으면 사실을 말해도 믿지 않는 법이다. 반대로 신뢰가 가면 팥으로 메주를 쑨다고 해도 믿는다. 의학적으로 말하면 '플라시보 효과(Placebo Effect)'다. 약을 먹거나 수술을 받지 않아도 실제로 증상이 호전되는 것이다.

정신과 치료가 일반적인 선진국에서는 성직자가 아니라 정신과 의사나 심리상담사를 찾아가 마음속 고민을 털어놓는다고 하던데, 이해가 되었다.

여전한 불안, 다시 출근할 수 있을까?

집으로 가는 차 안에서 상념에 젖었다.

지난 몇 개월간 내게 일어난 일을 가지고 글을 쓴다면 참 파란만장하겠다. 요즘 난 너무 나 자신에게 빠져 있다. 헤어나지 못하고 있다. 늘 마음이 복잡하다. 아프다. 엉켜 있다. 불안하다. 사람들 보기가 두렵다. 불안, 초조, 죄책감, 우울증, 불면증, 격심한 심장박동, 공황발작 등 참으로 여러 가지를 겪었다. 내 정신의 밑바닥을 본 셈이다.

이 모든 것을 이겨내야 한다. 참아야 한다. 난 참을성이 부족하다. 지난날 참지 않고 감정대로 처리해서 생긴 업보(業報)를 지금 한꺼번에 받는 것이다. 늘 감사하는 마음을 갖자. 희망을 품자. 늘 좋은 생각만 하자. 곧 달라질 것이다. 이 모든 과정을 글로 쓰겠다.

애써 자신을 격려하며 집으로 돌아와 약을 먹고 일찍 잠자리에 들었다. 곧 잠에 빠졌다. 이튿날 일어났을 때 기분이 상쾌했다. 참으로 오랜만에 맞는 '좋은 아침'이었다. 약 덕분이었다. 물론 이번에도 묘한 생각을 떨칠 수 없었다. 마치 내가 화학작용으로 살아가는 듯한 느낌….

아침을 먹고 오전 약을 복용했다. 진정제가 들어간 탓인지 정신이 다소 몽롱해졌다. 180mmHg까지 치솟던 혈압이 120mmHg로, 분당 100회까지 올라가던 맥박 수가 60회 정도로 떨어져 정상 수치를 보였다. 비교적 편안하게 낮 시간을 보냈다. 마음이야 여전히 우울했지만 심각한 불안감이나 엉뚱한 생각으로 치닫지는 않았다.

이제 내일이면 출근을 시작한다. 나는 회사 업무를 이해하기 위해 회사 관련 책자와 홈페이지 내용을 숙지하려 애썼다. 그러나 머릿속이 워낙 산만하고 헝클어져 있어 이해하기가 무척 힘들었다. 또 암기력이 현저히 떨어져 회사 조직과 간부 이름을 외우기도 쉽지 않았다. 두뇌 기능이 정상의 3분의 1도 안 되는 느낌이었다. 지난 몇 개월의 삶이 두뇌 능력에 손상을 입힌 것이었다. 실제로 우울증은 이해력과 판단력, 감정 및 기억력과 관련된 두뇌 전두엽과 해마에 악영향을 미친다.

계속 흐르는 땀도 신경 쓰였다. 진정제 효과로 다소 나아지긴 했지만 신록이 무르익는 5월 봄 날씨인데도 8월 삼복더위 때처럼 땀을 줄줄 흘리니, 이상해 보이지 않겠는가.

실제로도 매우 불안했다. 불안장애 증상이었다. 불안 역시 사람의 정상적인 정서 반응이지만, 불안장애는 그 범위를 넘어 다양한 형태의 비정상적·병적인 두려움과 공포를 일으켜 생활에 지장을 초래한다. 두통, 심장박동 및 호흡수 증가, 위장관계 이상 증상 등이 일어나 일상 활동을 수행하기 어렵게 만든다.

저녁때가 되니 다시 걱정이 도졌다. 내일 혹시 직원들이 출근을 저지한다면? 애써 마음을 가라앉혔다. 저녁 약을 먹었다. 약 기운의 위력은 컸다. 의지를 갖고 통제하려 해도 되지 않던 불안감이 가라앉으며 이틀째 숙면에 빠져들었다.

불안장애 자가진단표

불안장애는 일상적인 걱정을 넘어 지속적이고 과도한 불안과 공포가 나타나는 정신건강 문제다. 단순한 스트레스 반응과 달리 두근거림, 식은땀, 불면증, 위장장애 등 다양한 신체적 증상을 동반하며, 치료가 필요하다. 다음 중 5개 이상 해당하면 불안장애 가능성이 높다.

- ☐ 하루 대부분을 불안과 걱정 속에서 보낸다.
- ☐ 사소한 일에도 극도로 긴장하고 예민해진다.
- ☐ 가슴이 두근거리고, 심장이 빨리 뛴다.
- ☐ 숨이 가쁘고, 목이 조이는 듯한 느낌이 든다.
- ☐ 쉽게 피로해지고, 집중력이 저하된다.
- ☐ 소화불량, 복통 또는 속쓰림을 자주 경험한다.
- ☐ 불안한 상황을 피하려 하고, 회피 행동이 많다.
- ☐ 잠들기 어렵거나 자주 깨며 숙면을 취하지 못한다.

불안장애는 범불안장애(GAD), 공황장애, 사회불안장애, 강박장애(OCD), 외상후스트레스장애(PTSD) 등으로 나뉜다. 치료법으로는 인지행동치료, 약물치료(항불안제, 항우울제) 등이 있으며, 조기 치료가 효과적이다.

참고자료 | 미국정신의학회(APA), 하버드대학교 의과대학, 영국국민보건서비스(NHS)

우울증 극복의 두 번째 단계, 운동

드디어 첫 출근 날. 5월 23일 아침 7시 정각, 회사 운전기사가 아파트 주차장에서 대기하고 있었다. 그가 모는 승용차를 타고 회사로 향했다. 오전 7시 30분, 회사 로비는 조용했다. 물론 제지하는 사람도 없었다. 내가 걱정했던 일들은 일어나지 않았다.

엘리베이터에서 내리자 경비원이 정중히 인사하고, 사무실에서는 비서가 공손히 맞이했다. 집무실 창 너머로 남산과 시청 앞 광장이 시원하게 펼쳐졌다. 남의 눈을 의식하지 않고 차분하게 지낼 수 있겠다는 생각에 안도감이 들었다.

오전에는 임원들과 상견례를 하고, 이어 강당에서 전체 직원이 모인 가운데 취임식이 진행됐다. 몇몇 간부는 평소 내 이야기를 들었다며 반갑게 맞아주었다. 나는 새로 이사 온 이웃처럼 조심스러운 태도를 유지했다.

우울증은 겉으로 드러나지 않는다. 겉모습만 보면 평범한 사람과 다름없어 보일 수도 있다. 그렇게 첫날이 무사히 지나갔다.

마음을 다스리는 루틴 만들기

이튿날도 나는 7시 30분에 출근했다. 일찍 출근하는 편이 러시아워를 피하고 여유를 갖기에도 좋고, 회사 자료를 미리 검토할 수 있어 불안감을 줄이는 데도 도움이 됐다.

그러나 업무 속도가 너무 느렸다. 서류 한 장을 읽는 데 10분이 걸렸다. 집중이 되지 않았고, 내용이 제대로 이해되지 않았다. 회의 때도 발언을 거의 하지 않았다. 새로운 환경에 적응하지 못한 것도 있었지만, 무엇보다 두뇌 회전이 둔해진 것이 가장 큰 문제였다.

며칠이 지나자 세로토닌의 효과도 줄어들었다. 잠은 그럭

저럭 잘 수 있었지만, 아침에 눈을 뜨면 우울한 기분이 다시 덮쳐왔다. 우울증이 심할수록 아침은 지옥이 된다. 눈을 뜨는 순간 '오늘도 끔찍한 하루가 시작되는구나' 하는 생각이 스며들었다. 자살률이 아침 시간대에 높은 것도 이런 이유 때문일 것이다.

우울증 치료의 첫 단계는 약물요법이다. 그러나 약물에만 의존해서는 안 된다. 마음의 병은 결국 마음으로도 치료해야 한다. 이제부터는 스스로 병을 이겨내겠다는 의지가 중요하다. 아무리 좋은 치료법이 있어도 환자가 자신의 마음을 다스리지 못하면 소용이 없다.

나는 어떻게 하면 나를 편하게 할 수 있을지 고민했다.

인간의 마음은 감각(신체), 생각(정신), 감정(정서)으로 구성된다. 이 세 가지가 조화를 이뤄야 안정되고 건강한 정신을 유지할 수 있다. 이를 위해 나는 몇 가지 원칙을 세웠다.

나는 아침 4시 50분에 알람을 맞춰놓고, 알람 소리가 울리면 무조건 일어났다. 아침은 여전히 끔찍했지만, 하루 첫 관문에서 무너지면 그날 하루는 망한 것과 다름없었다. 이를 악물

마음을 다스리는 하루 루틴 3단계

시간	목적	루틴
아침	신체 활력	산책과 운동
점심	정신 강화	긍정적인 사고
저녁	정서 휴식	단전호흡과 명상

고 자리를 털고 일어나 자전거를 타고 한강으로 향했다.

처음에는 비몽사몽 상태로 자전거를 끌고 나가는 것이 정말 싫었다. 체력이 현저히 떨어져 속도도 나지 않았다. 하지만 강변의 신선한 공기와 시원한 바람을 맞으며 페달을 밟다 보면 가라앉았던 기분이 서서히 올라오고 경직된 몸도 풀리기 시작했다. 땀이 흐르고 숨이 가빠오면서 정신적인 압박감도 줄어들었다.

초여름 한강 변은 신선했다. 수변에 조성된 공원에 자전거를 세워두고 수풀 갈대밭을 걸었다. 환상적인 아침 햇살에 싱그러운 바람, 이름 모를 꽃들과 수풀, 탁 트인 강변을 보니 마음이 조금씩 환해지기 시작했다. 더구나 땀이 날 정도로 페달을 밟지 않았나. 가쁜 숨이 잦아지면서 서서히 힘이 솟는 게 느껴졌다.

약 1시간 후 '상쾌한' 기분으로 집에 돌아와 샤워를 하고 오전 7시 정각에 집을 나섰다.

출근 후에는 업무에 몰두하며 잡념을 떨쳐내려고 했다. 무언가에 집중하고 있다는 것 자체가 불안을 덜어주는 데 도움이 되었다. 아침 출근길에는 신문을 읽으며 마음을 정리하고, 사무실에서는 읽기 쉬운 책이나 회사 자료를 보며 머릿속 불안과 루미네이션이 시작되지 못하게 막았다. 그리고 가능한 한 긍정적인 태도를 유지하려고 노력했다.

- 의심과 불안이 생기면 의식적으로 쫓아내려 애썼다.
- 흥분하거나 우울해지지 않도록 평정심을 유지했다.
- 말을 적게 하고 상대방의 말을 경청하려 노력했다.
- 초조함이 몰려올 때는 "괜찮다"라고 되뇌며 스스로를 다독였다.
- 회의가 있으면 철저히 사전 준비를 하고 참석했다.

이런 작은 습관들이 내 정신을 조금씩 단련시켜갔다.

퇴근 후에는 가능한 한 모든 외부 약속을 줄였다. 과거에는 밤늦도록 술자리나 야근으로 시간을 보냈지만, 이제는 저녁 있는 삶을 선택했다. 6시에 퇴근하면 집으로 바로 가 아내와 함께 저녁을 먹었다. 식사 후에는 동네 한적한 길을 산책했다. 천천히 걷다 보면 복잡했던 정신이 정리되고 마음이 차분해졌다. 걸으면서 아내와 이야기를 나누는 시간도 소중하게 느껴졌다.

TV 뉴스는 가능하면 보지 않았다. 기자 출신이라 뉴스를 늘 가까이했는데, 언젠가부터 뉴스를 보면 마음이 무겁고 우울해졌다. 대신 〈개그콘서트〉 같은 예능 프로그램이나 자연 다큐멘터리를 보며 긴장을 풀었다.

그렇게 하루를 보내고 일주일이 지나자 몸과 마음이 조금씩 달라지기 시작했다.

이런 노력 덕분인지, 뜻밖에도 회사 생활은 큰 어려움 없이 적응할 수 있었다. 오히려 직원들에게 좋은 인상을 주었던 것 같다. 나는 내 정신 상태가 노출되지 않도록 조심스럽게 행동했을 뿐인데, 직원들은 말수가 적은 내 모습을 '경청하는 리더'로 받아들였다. 또한 외부에서 임원이 오면 으레 의욕을 보이며 이것저것 지시하기 마련인데, 나는 거의 나서지 않았더니 그 모습이 직원들에게 '존중하는 태도'로 비친 듯했다. 진정제의 영향으로 다소 몽롱했던 모습을 직원들은 '부드러운 상사'처럼 느꼈던 모양이다. 평소 직설적인 화법을 쓰는 나였는데, 회사에서는 전혀 반대의 모습이 나온 셈이다. 세상은 이렇게도 흘러간다.

쓸데없는 생각을 지우는 운동의 위력

운동은 하루의 평정을 유지하는 데 큰 도움을 주었다. 우울증이 깊어지면 집 밖으로 나가는 것조차 싫어지고, 하루 종일 누워만 있게 된다. 하지만 이렇게 가만히 있는 것은 더 위험하다. 마치 노인들이 낙상을 당한 후 거동이 불편해지면 신체 기능이 급격히 감퇴하는 것과 같다. 내가 아는 팔순의 법조계 원로는 목욕탕에서 넘어져 갈비뼈를 다친 후 거의 식물인간처럼 생활하다 결국 운동요법으로 회복했다. 그의 사례는 나에게 큰 교훈이 되었다.

아침에 일어나는 것이 고역이었지만, 매일 새벽 1시간씩 자전거를 탔다. 처음 며칠은 페달을 밟는 것조차 힘들었다. 하지만 시간이 지나자 체력이 조금씩 회복되었다. 힘들수록 운동 강도를 조금씩 높이니 몸이 적응하면서 점차 기력이 생겼고, 드디어 '깔딱 고개'도 자전거를 타고 올라갈 수 있었다. 숨이 헐떡거릴 정도의 고강도 운동을 하면 머릿속 루미네이션이 거의 사라졌다. 운동 후 느껴지는 나른한 피로감은 신경을 안정시키는 데 도움이 되었다. 머리가 쉬는 느낌도 들고, 식욕도 되살아났다.

일주일에 한 번 정도는 조깅도 병행했다. 학교 운동장을 10바퀴(약 2.5km) 정도 뛰었다. 사실 나는 30대 때부터 매일 30분씩 5km를 뛰었을 정도로 조깅을 즐겼다. 스트레스 해소에는 달리기가 최고였다. 하지만 무리하게 달리던 습관 때문에 40대 후반 무릎 연골이 손상되었다. 의사는 당장 조깅을 멈추라고 했지만, 나는 주사까지 맞아가며 계속 뛰었다. 청와대에서 근무하던 시절, 토요일마다 과천 청계산을 3시간 정도 오른 후 개포동 양재천을 따라 10km를 달리곤 했다. 하지만 결국 의사의 경고대로 조깅을 줄이고 자전거를 타기로 했다. 무릎을 보호하려면 어쩔 수 없었다. 그래도 한 달에 두어 번은 운동장에서 천천히 2~3km 정도 달리며 그 즐거움을 놓치지 않으려 했다.

주말이면 인근 고덕산을 찾아 2~3시간 정도 걸었다. 야트막한 산을 걸으며 중간중간 체조를 하거나 팔굽혀펴기, 복근 운동을 했다.

치료를 받은 지 한 달 만에 원장의 조언에 따라 항불안제를 끊고, 수면제 복용량을 절반으로 줄였다.

그러던 어느 날, 한강 변에 자전거를 세워두고 강변 갈대숲을 걸었다. 새들이 지저귀는 가운데 새벽 공기를 들이마시며 발걸음을 옮기는데, 나도 모르게 콧노래가 흘러나왔다.

"How gentle is the rain~"

내가 좋아하는 팝송 'A Lover's Concerto'였다. 영화 〈접속〉에도 나왔던 아름다운 멜로디의 노래.

아! 얼마 만에 이런 기쁨을 느껴보는 걸까. 마음이 울컥했다. 그리고 깨달았다.

사막 같았던 내 마음속에 단비가 내리고 있었다.

운동과 환경의 변화는 지친 삶의 때와 상처를 씻어내고, 닫혀 있던 감정의 문을 열어주었다.

만약 내가 예전처럼 집에서 무기력하게 누워 있었다면, 이런 변화를 경험할 수 있었을까?

그렇지 않았을 것이다. 하지만 매일 아침 강변으로 나와 숨을 헉헉거리며 페달을 밟고, 땀을 흘리며 달렸더니 감정의 흐름이 바뀌었다.

그 차이는 단 한 걸음. 하지만 그 결과는 엄청난 차이를 만들었다.

우울증 완화를 돕는 운동

운동은 약물치료나 상담치료와 함께 우울증 관리에 중요한 요소다. 유산소 운동은 뇌의 신경전달물질 균형을 개선하고, 기분을 향상시키는 데 도움이 된다. 운동으로 치료 효과를 보려면 개인의 상황에 맞는 적절한 운동을 선택해 꾸준히 실천하는 것이 중요하다. 세계보건기구(WHO)는 우울증 예방과 관리를 위해 주당 최소 150분의 중등도 유산소 운동 또는 75분의 고강도 유산소 운동을, 그리고 주 2회 이상의 근력 운동을 권장한다.

- **유산소 운동**: 걷기, 조깅, 자전거 타기, 수영 등은 심폐 기능을 향상시키고 엔도르핀(endorphin) 분비를 촉진하여 기분 개선에 도움을 준다.
- **근력 운동**: 아령이나 밴드를 활용한 근력 운동은 근육량 증가와 신진대사 촉진에 기여하며, 신체적인 자신감을 높여준다.
- **요가 및 스트레칭**: 몸의 긴장을 완화하고 마음의 안정을 찾는 데 도움이 된다.

단, 무리는 금물이다. 운동화 등 올바른 운동 장비를 착용하고, 운동 전 5~10분간 가벼운 준비 운동과 스트레칭으로 근육을 이완시켜 부상을 막는 것이 필수다. 특정 질환이 있거나 운동에 익숙하지 않다면 운동을 시작하기 전에 전문의와 상담하는 것이 좋다.

출처 | 서울대학교 의과대학 국민건강지식센터

우울증 극복의 세 번째 단계, 긍정적인 사고

몸 상태가 조금 나아지자 나는 다시 유혹에 빠졌다.

'이제 약을 줄여볼까?'

마음대로 약을 끊었다가 호되게 당한 적이 있었음에도 약에 의존하고 있다는 사실이 여전히 불편했고, 스스로 극복하고 싶었다.

많은 우울증 환자가 나처럼 임의로 약을 줄이거나 끊는다. 이번에도 유혹을 이기지 못하고 의사의 당부도 무시한 채, 항불안제와 수면제의 용량을 반으로 줄였다. 그리고 하루 만에 부작용이 찾아왔다.

새벽 2시, 잠에서 깼다. 그 뒤로 가수면 상태로 뒤척였다.

식은땀에 이불과 속옷이 흥건히 젖었다. 온갖 걱정과 불안, 비관적인 사고가 다시 머릿속을 지배했다.

새벽 5시, 억지로 몸을 일으켰다. 몸은 개운하지 않았고, 머리도 무겁고 지끈거렸다. 특히 정수리 옆이 몹시 아팠다.

자전거를 탈 힘조차 없어 대신 고덕산 산책 코스를 걸었다. 하지만 개운하지 않았다. 팔다리는 여전히 무겁고 몸은 더 찌뿌드드했다. 정강이에 쥐가 나 양손으로 부여잡고 마사지를 해야 했다.

출근을 해서도 피곤이 가시지 않았다. 결국 점심 이후 다시 의사가 처방한 용량대로 약을 복용했다.

신체를 공격하는 우울증

그날 오후, 오랜만에 스포츠 클리닉을 찾았다. 예전에 나를 치료했던 물리치료사가 몸을 만져보더니 깜짝 놀랐다.

"왜 이렇게 몸이 딱딱하게 굳어 있죠? 요즘 과로하셨나요?"

사실 과로할 일은 없었다. 문제는 스트레스였다. 켜켜이 쌓인 감정과 긴장이 근육을 압박하고 있었다.

스트레칭을 하는데 오른쪽 어깨관절에서 통증이 느껴졌다.

"오십견 초기 증상 같습니다. 정밀 검사를 받아보세요."

최근 소변을 볼 때마다 개운하지 않았고, 사타구니 근처에 묵직한 통증이 느껴졌다. 남성 클리닉을 찾았더니 원장은 스트레스성 전립선 긴장증이라고 설명했다. 마사지 의자에 앉아 치료를 받으며 문득 생각했다.

'요즘 술도 마시지 않고, 운동도 하고, 생활 습관도 건강하게 유지하는데… 왜 몸이 계속 아픈 걸까?'

정신적인 고통이 결국 신체를 공격하고 있었다.

'여기서 지면 안 된다. 반드시 극복해야 한다.'

나는 이를 악물었다.

독설 한마디에 무너지는 마음

우울증은 기분이 좋아졌다가도 금세 어둠 속으로 빠지는 강한 관성을 가진다. 이 싸움은 단기전이 아니라 장기전이다. 순간적인 회복에 일희일비하면 안 된다.

이때 가장 큰 복병은 술이다. 적당한 술은 즐거움을 주지만, 우울증 환자에게는 독이 된다. 술은 감정 기복을 심하게 만들고, 자칫 무방비 상태에서 상처받을 가능성을 높인다.

출근한 지 보름쯤 됐을 때, 오랜만에 친구들과 술을 마셨다. 그동안은 이런 평범한 모임조차 꿈도 꾸지 못했다. 친구들은 내 상태를 잘 몰랐다. 그냥 '좀 힘든가 보다' 정도로 생각했을 것이다.

처음엔 괜찮았다. 그러다 사소한 말다툼이 벌어졌다. 한 친구가 오랫동안 품고 있던 섭섭함을 털어놓았다. 나는 분위기를 풀어보려 했다.

"뭐 그런 걸 가지고 그래. 그냥 한잔하자."

하지만 그는 내게까지 화살을 돌렸다.

"네가 뭔데 나서? 너도 똑같은 놈이야."

예전 같았으면 웃어넘기거나 받아쳤을 것이다. 하지만 그날은 그러지 못했다. 심리적으로 무방비 상태였던 나는 그 친구의 말이 정통으로 심장을 강타하는 것처럼 느껴졌다.

집으로 돌아와 후회했다. 괜히 술자리를 만들었다. 무엇보다 속수무책으로 당하고만 있던 나 자신이 싫었다.

다음 날, 나는 다시 극심한 우울 상태로 돌아갔다. 어젯밤의 상황이 계속 머릿속을 맴돌고, 친구의 독설이 비수처럼 가슴을 찔렀다.

"넌 나쁜 놈이야."

그 순간, 갑자기 심장이 쿵 내려앉았다.

그 느낌이 너무 강렬해 혹시 파킨슨병이 아닐까 하는 불안이 엄습했다.

뇌 기능 이상에서 비롯되는 신경퇴행성 질환인 파킨슨병은 가만히 있어도 몸이 저절로 떨리는 병이다. 권투선수 무하마드 알리가 그랬다. 파킨슨병 환자의 절반 이상이 우울증을 겪는다. 혹시 나도 그 길을 가는 건 아닐까?

그날은 가족들과 함께 저녁 식사를 하기로 되어 있었다. 나는 억지로 몸을 추슬러 가족들과 밖으로 나갔다. 초여름 오후 신록의 햇살을 맞으며 강남 번화가를 걷는 나의 마음은 한없이 어두웠다. 멋지게 차려입고 나온 선남선녀들의 웃는 모습과 활기찬 동작이 마치 무성영화에 나오는 슬로비디오 동작처럼 아무런 소리도 들리지 않은 채 느릿느릿 내 시야에 들어왔다 사라지곤 했다. 현기증이 났다.

저녁 식사는 하는 둥 마는 둥 했다. 너무 피곤해 가족들에게 양해를 구하고 주차장에 세워둔 승용차 안으로 들어가 누웠다. 그럴 정도로 몸을 가누기 어려웠다.

생각을 놓아야 마음이 숨을 쉰다

다음 날은 일요일이었다. 나는 원래 산을 좋아했다. 그러나 이날은 맥이 빠진 채 소파에 누워 허공만 바라보고 있었다. 등산을 싫어하는 아내가 도리어 산에 가자고 졸랐다.

"자꾸 움직여. 운동을 해. 그래야 예전의 당신으로 돌아오지."

아내의 손에 억지로 이끌려 북한산 둘레길 5km를 3시간이나 걸려 걷고는 간신히 집으로 돌아왔다.

마음을 놓아야 한다. 그래야 마음이 쉴 수 있는데 도무지 마음을 놓을 수 없었다. 마음을 놓는 순간 금방 부정적인 사고가 침투했기 때문이다. 마음을 놓지도, 쉬지도 못하는 이 역설. 이 역설을 현명하게 극복해야 했다.

엄밀한 의미에서 마음을 놓는 일은 생각과 욕구를 멈추고 철저하게 '나'의 작용을 정지하는 것을 말한다. 그저 무위(無

爲)의 상태다. 그러기에 나는 너무나 많은 생각과 욕망 그리고 상처를 지니고 살아왔다. 새삼 세속을 등지고 불가에 귀의한 스님들의 심정이 이해될 듯했다. 산속 외딴 암자로 들어가 결사적으로 참선 수행하는 이유를 조금이나마 알 것 같았다. 온갖 번뇌, 잡념, 망상과 싸우며 정신적인 깨달음과 마음의 평정을 찾으려는 그들의 노력과, 괴로움에서 벗어나기 위해 안간힘을 쓰는 지금 나의 노력이 무엇이 다를까.

불자들은 이 모든 것이 전생에 지은 업보 때문이라고 말한다. 나도 결국 살면서 한 생각과 행동의 결과를 후회하고 힘들어하는 것 아닌가. 옛날이었으면 나도 홀연히 세속을 떠나 입산수도의 길을 갔을지도 모르겠다는 생각이 스쳤다.

월요일, 나는 병원을 찾았다.
"지금 이 순간을 극복하는 것이 중요합니다."
원장은 치료를 등산에 비유했다.
"정상(완쾌)까지 가는 길에는 장애물이 많습니다. 그때 포기하면 심리적인 절벽이 생겨 평생 약물과 병원 신세를 질 수도 있습니다."
그는 항우울제 용량을 두 배로 늘렸다.

다시 올라가야 했다.

나는 가속 페달을 밟았다.

인지행동치료의 핵심, 긍정적인 사고

약물치료와 운동에 이어 우울증 극복의 세 번째 단계는 '긍정적인 사고'다. 정신과 의사들은 인지행동치료의 핵심으로 긍정적인 사고 훈련을 강조한다.

우울증 환자가 매일 해야 할 실행 리스트는 다음과 같다.

- 운동하기: 유산소 운동, 요가, 스트레칭
- 좋은 생각 떠올리기: 긍정적인 기억 상기
- 기도 및 명상: 마음 안정 및 스트레스 완화
- 좋은 책 읽기: 인문서, 철학서, 성경, 불경 등
- 음악 듣기: 편안한 클래식, 재즈, 자연의 소리
- 감사: 하루에 감사할 일 세 가지 기록
- 웃기: 즐거운 영상 시청
- 화내지 않기: 감정을 즉각 표출하지 않기

이 리스트에 따라 '24시간 특별 관리 체제'를 가동했다. 내 의지가 작용하지 않는 수면 시간을 제외하고 의식이 깨어 있는 동안은 늘 긍정적인 사고방식으로 관리하기 위해 전력을 다했다. 정신에 힘을 주는 책의 좋은 구절이나 시 등을 수첩에 적어놓고 울적할 때마다 꺼내 보거나, 큰 소리로 낭송했다. 길을 걸을 때도 반복해서 외우며 다녔다. 가장 좋아했던 구절 중에는 이런 것들이 있다.

그 무엇도 염려 말고 오직 모든 일에 기도와 간절함으로, 너희 구할 것을 감사함으로 하나님께 아뢰라. 그리하면 사람의 이해력을 뛰어넘는 하나님의 평강이 그리스도 예수 안에서 너희의 마음과 생각을 지키시리라.

—《성경》,〈빌립보서 4장 6절〉

감옥에 있지 않았다면 나는 인생의 가장 어려운 과제, 즉 자신을 변화시키는 일을 해내지 못했을 것이다. 감옥에서 차분히 생각하는 시간은 바깥세상에서 가질 수 없는 기회였다.

— 넬슨 만델라, 오프라 윈프리와의 인터뷰

이 세상을 조금이라도 살기 좋은 곳으로
만들고 떠나는 것.
자신이 한때 이곳에서 살았음으로써
단 한 사람의 삶이라도 행복하게 하는 것.

— 랠프 월도 에머슨, 〈무엇이 성공인가〉 중에서

 잠자리에 들기 1시간 전에는 기체조와 단전호흡을 했다. 국선도나 단학선원에서 가르치는 방식으로, 우선 경직된 근육을 풀고 몸의 기가 원활히 순환되도록 단전 치기와 기체조 등을 한 다음 숨을 깊이 들이마시고 내쉬는 단전호흡을 한다. 약식으로 하면 30~40분 정도 걸리는데 몸과 정신이 아주 개운해진다.

 이후 화장실에 들어가 배변을 했다. 배변하고 나면 육체적으로뿐 아니라 심리적으로도 후련한 느낌이 들기 때문이다. 끝나면 샤워로 몸을 깨끗이 씻고 잠자리에 들었다.

 '끝이 좋으면 다 좋다'라는 말이 있듯 하루의 마지막 시간이 우울증 환자에게는 특히 중요하다. 하루의 마지막이 기분 좋으면 하루 전체에 대한 기억이 좋아지며, 자기 전 심리 상태가 수면으로 이어져 편안한 잠을 잘 수 있다.

우선 잠자리에 누워 5분간 《긍정의 힘》을 읽었다. 이 책의 메시지는 언제나 내 심리를 긍정적으로 만들어주었다. 그런 다음 눈을 감고 그날 있었던 기분 좋은 일을 떠올렸다.

별생각이 나지 않으면 과거의 즐거웠던 추억이나 행복했던 기억을 떠올렸다. 어릴 적 소풍, 아내와의 데이트, 아이들이 어렸을 적 가족이 미국에서 함께한 자동차 여행, 기자 시절 자랑스럽거나 신났던 추억 등을 떠올리면 잠시지만 행복감이 찾아오곤 했다.

또 앞으로 생길 수 있는 좋은 일을 상상하기도 했다. 내가 우울증에서 완전히 벗어나 친지들과 즐겁게 지내며 왕성하게 활동하는 모습을 상상하는 것만으로도 기쁜 마음이 들었다. 장안에 화제를 몰고 온 베스트셀러 작가가 되고, 그 작품이 영화화돼 미국 할리우드에서 상영되는 모습, 내가 몸담았던 언론계와 문화계를 이끄는 모습 등은 상상만으로도 신나고 뿌듯했다. 이럴 때는 뇌 속의 엔도르핀이 팍팍 나오는 것 같았다. 그런 생각을 하다 잠이 들었다.

일상에서 실천 가능한 인지행동치료 프로그램

인지행동치료는 우울증 치료에 효과적인 접근법으로, 부정적인 사고 패턴을 수정하고 건강한 행동을 유도하는 치료법이다. 다음 프로그램을 4주 이상 꾸준히 실행하면 기분 개선 및 스트레스 감소, 사회적 관계 강화, 신체 건강 증진 등의 효과를 거둘 수 있다.

시간대	실천 활동	내용	효과
아침 (기상 후 30분 이내)	감사 일기 작성	아침에 일어나자마자 감사할 것 세 가지 기록 예시: 오늘 아침에 따뜻한 차를 마실 수 있어서 감사하다.	긍정적인 사고 촉진, 하루 시작을 긍정적으로
아침 (기상 후 1시간 이내)	유산소 운동 (30분 이상)	걷기, 조깅, 자전거 타기, 스트레칭	엔도르핀 분비 촉진, 불안감 완화
오전	현실적 사고 훈련	부정적인 생각이 들면 '이 생각이 사실인가?', '이 문제를 다르게 볼 방법은 없을까?' 반문하기 예시: 나는 항상 실패해.→ 누구나 실수할 수 있고, 나는 다시 도전할 수 있다.	왜곡된 사고 패턴 수정
점심 이후	사회적 교류	가족, 친구와 대화하거나 문자 보내기	사회적 고립 방지, 정서적인 안정
오후 (15~20분)	심호흡 및 명상	복식호흡 10회, 5분간 조용한 장소에서 명상 4-7-8 호흡법(4초 들숨, 7초 유지, 8초 날숨)	스트레스 완화, 심리적인 안정

시간대	실천 활동	내용	효과
저녁 (퇴근 후 30분 이상)	창의적인 활동	그림 그리기, 악기 연주, 글쓰기 등	집중력 강화, 자기 표현 향상
저녁 (취침 1시간 전)	긍정적인 자기 대화	거울을 보며 "나는 괜찮다", "오늘도 최선을 다했다" 등 말하기	자존감 향상, 긍정적인 정서 강화
취침 전	하루 돌아보기	오늘 가장 기분 좋았던 일 세 가지 기록	자기 인식 향상, 긍정적인 마무리

출처 | 미국 메이요 클리닉(Mayo Clinic), 미국정신의학회(APA)

마침내 빛 그리고 삶

'24시간 특별 관리 체제'를 가동하면서 내 몸과 마음은 눈에 띄게 회복되었다. 잠을 잘 자니 신체 리듬이 정상화되고, 기력이 보충되었으며, 두뇌에도 활력이 돌았다.

치료 한 달 만에 항불안제를 끊었고, 한 달 뒤에는 수면제도 중단했다. '술집 사건' 이후 한때 항우울제를 20mg까지 늘렸지만, 몸이 회복되면서 다시 10mg 그리고 5mg으로 점차 줄여갔다.

회사 생활에서도 특별히 어려운 점은 없었다. 업무에 점차 적응하며 직원들의 의견을 경청했고, 점심식사를 함께하며 회사의 전반적인 분위기를 파악했다.

주말에는 가까운 산을 오르거나 휴식을 취하며 컨디션을 조절했다. 틈날 때마다 운동을 하고, 긍정적인 사고를 하고, 책을 읽고, 단전호흡을 하며 마음에 빈틈을 주지 않았다.

일요일에는 교회에 나가 예배에 참석했다. 어렸을 적엔 지루하기만 했던 예배 시간이 이제는 힐링이자 충전의 시간으로 다가왔다.

일상이 조금씩 회복되면서 나는 우리 사회와 현대인의 삶을 되돌아보기 시작했다.

'빨리빨리'에서 '느림의 미학'으로

현대인은 만성 피로, 스트레스, 짜증, 우울 속에 살아간다. 수십 년간 '빨리빨리'를 외쳐오다 보니 한국 사회는 불안과 조급증, 분노에 휩싸이게 되었고, 이것이 결국 혈관질환, 심장병, 암 그리고 우울증으로 발전했다.

정신과 전문의 이시형 박사는 이런 한국 사회를 '세로토닌 결핍 사회'라고 표현했다. 그는 우울증, 자살, 중독, 불면증, 만성피로 등이 세로토닌 부족과 밀접한 관계가 있다고 설명했다. 우리에게 잘 알려진 신경물질은 크게 세 가지, 아드레날린(adrenaline), 엔도르핀, 세로토닌이다. 아드레날린은 흥분할 때, 엔도르핀은 환희와 기쁨이 넘칠 때, 세로토닌은 편안하고 안정될 때 분비된다. 세로토닌이 부족하면 불안이 증가하고 충동적인 성향을 띠며 우울증이 심화된다.

세로토닌은 햇볕을 쬘 때 가장 왕성하게 분비된다. 그러나 도시 생활을 하는 현대인들은 햇볕을 충분히 쬘 시간도, 흙을 밟을 기회도 없다. 빠르게 돌아가는 현대 사회에서 사람들은 점점 자연과 멀어지고, 마음의 평온을 잃어가고 있다.

이시형 박사는 한국인이 행복해지려면 '빨리빨리'에서 '느림의 미학'으로 전환해야 한다고 강조했다. 삶을 관조하며 자연과 함께하는 삶이야말로 진정한 행복이라는 것이다. 프랑스 철학자 피에르 쌍소(Poerre Sansot)는 저서 《느리게 산다는 것의 의미》에서 9가지 슬로라이프(slow life) 실천법을 제시했다.

- 한가로이 산책하기
- 말하기보다 경청하기
- 느긋하게 권태 즐겨보기
- 즐거운 몽상에 빠져보기

- 열린 마음으로 결과 기다리기
- '고향 같은 장소' 만들기
- 글 써보기
- 남을 비판하거나 질투하지 않기
- 가볍게 술 한잔하는 여유 갖기

　나는 체력이 회복되면서, 혼자 타던 자전거를 회사 직원들과 함께 타기 시작했다. 그러자 운동이 단순한 체력 단련을 넘어 사람과 자연 그리고 사람과 사람 사이의 연결을 강화해주는 활동이 되었다.

　당시는 2012 런던올림픽이 열리던 한여름이었다. 우리는 섭씨 33도가 넘는 불볕더위 속에서 강변 자전거 도로를 따라 서울 잠실에서 미사리를 지나 팔당대교를 건너 양평까지 가 점심을 먹고 돌아오곤 했다. 어떤 때는 반대로 행주산성이나 김포 쪽으로 갔다. 집에 돌아오면 탈진 상태가 돼 그대로 쓰러져 잤다.

　그렇게 육체적인 건강과 정신적인 건강이 회복되고 있었다.

　이참에 아예 사내 자전거 동호회를 만들었다. 매주 주말마다 함께 모여 자전거를 탔다. 쉰이 넘어서 자전거를 배웠지만 실력이 점점 늘어 장거리 코스도 소화할 수 있었다. 직원들은 내 앞뒤에서 달리며 배려해주었고, 중간중간 간식과 음료를 나누며 함께 시간을 보냈다.

이 과정에서 나는 분명히 깨달았다.

사람과 자연의 교류, 사람과 사람의 교류가 병의 회복력을 높인다는 것을.

물론 고독을 즐기는 시간도 필요하지만, 나에게는 사람들과 어울리는 시간이 회복의 중요한 열쇠였다.

정신과 원장도 내 빠른 회복 속도에 놀랐다. 그는 말했다.

"이제 9부 능선까지 올라왔습니다. 하지만 방심하시면 안 됩니다."

완쾌 직전의 환자가 방심하다 다시 원점으로 돌아가는 경우가 많다는 것이다. 이런 일이 반복되면 자포자기하며 평생 약물치료를 받게 된다고 경고했다.

나는 그의 말을 깊이 새겼다.

다시는 돌아가고 싶지 않았다.

마음의 채널을 바꾸자

어느 날 밤, 단전호흡을 마치고 《긍정의 힘》을 펼쳤다. 그 중 4장 '과거의 장벽을 깨라' 편을 읽으며 크게 공감했다. 책에서는 부정적인 과거의 기억을 지우는 방법을 제시했다.

'마음속에서 부정적인 생각이 떠오르면, 마치 리모컨을 누르듯이 채널을 바꿔라.'

'우울했던 기억이 떠오르면, 즐거웠던 순간을 떠올려라.'

'어두운 감정에 갇히지 말고, 새로운 마음으로 미래를 그려라.'

나는 이 문구를 보며 다짐했다.

'그래, 마음의 채널을 바꾸자!'

우울증과 싸운 지 3개월, 마침내 항우울제 복용도 완전히 중단했다. 원장은 마지막으로 응급용 세로토닌과 수면제를 처방하며 내게 이렇게 말했다.

"급한 불은 껐습니다. 하지만 언제든 재발할 수 있습니다. 마음이 힘들면 일시적으로 약을 드세요."

그리고 덧붙였다.

"이제부터는 스스로 마음을 관리해야 합니다. 누구나 상처와 트라우마를 가지고 살아갑니다. 이를 고치고 다스리면서 삶을 지속해야 합니다."

우울증 치료를 받기 전, 나는 내 인생이 여기서 끝날 수도 있다고 생각했다. 그러나 나는 다시 일어섰다. 약물치료를 받고, 운동을 하고, 생각을 바꾸며 조금씩 다시 살아갈 힘을 되찾았다. 살면서 다시 힘들어질 수도 있다. 하지만 이제 나는 조금씩 알아가고 있다.

마음의 채널을 바꾸는 법을.

지금 이 순간을 살아가는 법을.

이제 나는, 다시 살아간다.

나의 우울증 극복 단계

단계	주요 변화	치료 방식
1단계	불면과 불안	약물요법 시작
2단계	수면 회복	운동 병행
3단계	업무 적응	인지행동치료, 긍정적 자기 훈련
4단계	정서 안정	사회적 교류, 자연 접촉

2부

우울증 이후, 루미네이션을 극복한 7가지 방법

30여 년 전, 한겨울에 설악산을 오른 적이 있다.

정상 대청봉을 앞에 두고 날이 저물어 길을 잃었다.

순간 공포심이 엄습했다. 스마트폰은커녕 핸드폰도 없던 시절이었다.

그러나 다행히 경험 많은 산악인이 곁에 있었다.

그는 우리에게 그대로 있으라고 당부하고는 혼자 달빛을 등불 삼아

이리저리 산등성이를 다니며 지형을 살폈다.

10여 분 뒤 그는 길을 찾았고, 우리는 무사히 대청봉에 도착할 수 있었다.

우울증 치료차 병원을 마지막으로 찾은 지 어느덧 십수 년이 흘렀다.

우울증을 극복한 지금, 그 시간을 돌아보니 대청봉 등반이 생각난다.

만약 그때 길을 잃고 계속 헤맸다면 어떤 일이 벌어졌을까.

우울증은 마치 깜깜한 밤에 가보지 않은 산길을 헤매는 것과 같다.

자칫 길을 잘못 들거나 발을 헛디뎌 낙상이나 추락을 할 경우

비극적인 상황을 맞을 수도 있다.

그러나 곁에 안내자가 있거나, 나 스스로 길을 찾아나갈

지혜와 경험이 있다면 큰 문제가 되지 않는다.

운동: 몸이 깨어나야 마음이 산다

3개월의 병원치료가 끝난 후로는 더 이상 약을 먹지 않는다. 그렇다고 우울증이 완치된 것은 아니다. 마음속 깊이 새겨진 상흔처럼, 세포 깊숙이 들어박힌 균처럼 우울증은 내 안에 잠복해 있다가 언제든 기회가 오면 튀어나올 준비를 하고 있다.

물리적인 세계에서는 보기 싫은 것이 있으면 치우면 그만이지만, 마음의 세계는 그렇지 않다. 회피하려 할수록 부정적인 생각들이 더 자주 떠오른다. 전쟁터에서 돌아온 PTSD 환자들에게 트라우마가 되풀이되는 것과 비슷하다. 장마철에 물길이 생기듯, 뇌도 생각과 감정이 반복되면 특정 길이 생긴다.

'우울감'이라는 물길이 한번 생기면 평소에는 시냇물처럼 졸졸 흐르다가 어떤 사건을 계기로 홍수처럼 콸콸 넘쳐 다시 우울증을 유발할 수 있다. 이를 방지하기 위해선 둑을 쌓듯이 '예방'을 해야 한다.

병원에서는 우울 증세가 또다시 일어나면 약을 복용해 조절하라고 권하지만, 약은 신경계를 무디게 해 삶을 몽롱하게 만들고 감각까지 둔화시킨다. 나는 약 없이 자생력을 기르고 싶었다.

동시에 두려웠다. 무서웠다. 끔찍한 우울증이 또다시 나를 덮칠까 봐. 어떻게 하면 이것을 맨정신으로 극복할 수 있을까. 약 없이 희로애락을 느끼며 정상적으로 사는 삶을 누릴 수는 없을까.

결국 신체적·정신적 자생력을 길러야 한다. 또다시 스트레스나 힘든 상황이 와도 현명하게 대응해 신체적인 증상으로 전이되지 않고 잘 극복할 수 있게끔 미리 나를 준비시켜야 한다. 한겨울 밤에 산에서 길을 잃고 헤매도 끄덕없는 체력과 경험, 지혜를 갖춘 안내인처럼 말이다.

자생력의 시작

나는 운동에서 그 길을 찾았다. 이미 우울증을 치료할 때 자전거 타기로 효과를 톡톡히 보았다. 운동의 효능은 아무리 강조해도 지나치지 않는다. 실제로 다양한 연구를 통해 운동이 우울증에 효과적이라는 사실이 검증되었다.

첫째, 운동은 천연 세로토닌이다. 운동을 하면 아드레날린, 엔도르핀 등 신경전달물질이 생성돼 마음이 기쁜 상태가 된다. 항우울제 몇 알을 먹는 것보다 훨씬 낫다.

둘째, 머릿속 루미네이션을 멈추게 한다. 운동을 할 때는 머릿속에 이런저런 생각이 끼어들 틈이 없다. 숨이 헐떡거릴 만큼 강도가 세면 더욱 그렇다. 오로지 운동하는 순간에 몰두할 수밖에 없다. 신체적인 에너지 소모는 있어도 정신적인 에너지 소모는 없다.

셋째, 운동은 몸의 전 기관을 항진시킨다. 혈관, 근육, 내장기관을 비롯해 몸의 전 기관이 활발하게 움직인다. 쉽게 말해 공장이 100% 가동되는 것이다. 신체 기능이 잘 발휘됨으로써 식욕도, 의욕도, 자신감도, 성욕도 증진된다.

넷째, 운동을 꾸준히 할수록 심신의 선순환 물길이 형성된다. '활력 → 기쁨 → 행복 → 이완 → 휴식 → 의욕 → 활력'으로 이어지는 흐름이 자동적으로 반복된다.

미국 백악관에서 여러 대통령을 거치며 프리랜서 셰프로 일한 안드레 러시(Andre Rush)는 매일 2,222개의 푸시업을 하고, 700파운드(317kg)가 넘는 무게의 벤치프레스를 하는 등 엄청난 운동량을 자랑한다. 그의 이두근 두께는 웬만한 사람 허벅지에 맞먹는 60cm에 달한다.

그가 이토록 열심히 운동을 하는 이유는 다름 아닌 우울감과 자살 충동을 극복하기 위해서다. 그는 이라크전 등 참전의 기억으로 오랜 세월 고통받고 살아온 PTSD 환자다. 그는 전쟁터에 있을 때 하루 평균 22명의 군인이 자살한 사실을 알리고, 더 이상 그런 일이 없기를 바라는 마음으로 매일 2,222개의 푸시업을 한다고 한다. 이처럼 그는 운동을 통해 마음의 병을 치유했고, 나아가 봉사 활동과 요리로 '선한 영향력'을 전하며 살아가고 있다.

우울한 마음이 사라지는 운동법

나의 운동 1호는 자전거 타기였다. 평일에는 출근 전에 매일 1시간씩 한강 변에서 자전거를 탔고, 주말에는 회사 사람들과 동호회를 만들어 함께 탔다.

집에서는 단전호흡을 했다. 비가 와 자전거를 타지 못하는 날이면 팔굽혀펴기, 누웠다 일어나기 등을 반복했다. 주말에는 동네 산이나 서울 둘레길을 걸었다. 회사에서는 낮에 짬이 날 때마다 청계천 변을 산책했다. 아무튼 시간이 나거나 마음이 울적해질 때마다 몸을 움직였다. 그렇다고 백악관 셰프 안드레 러시처럼 철두철미하게 운동하는 성격은 못 돼 저강도로 웬만큼 했다. 만약 그처럼 했다면 나도 대단한 몸짱이 돼 있을 텐데….

10여 년이 지난 지금도 꾸준히 운동을 하고 있다. 허리가 나빠져 자전거는 타지 않지만 대신 사무실 근처 체육관에 나간다. 집 근처에서 맨발 걷기도 하고, 주말에 남산이나 인왕산 산행도 한다. 승용차는 되도록 타지 않고 버스, 지하철 등 대중교통 수단을 이용한다. 그만큼 걷기 운동도 되고, 그 자체가 즐겁다.

운동 덕분에 불면증을 완전히 고친 이후에는 수면제를 단 한 알도 먹어본 적이 없다. 잠도 누우면 쉽게 자는 편이다. 일흔을 코앞에 둔 나이인데 이토록 푹 잘 수 있다는 것은 축복이다. 물론 수면의 질은 운동만으로 좋아지는 것이 아니다. 잠재의식 속에 있는 부정적인 의식들, 살아오면서 쌓아둔 좋지 않은 업(業)을 털어내야 하는데, 이는 다른 장에서 설명하겠다.

반면 생각해볼 점들도 있다.

첫째, 우울증을 극복한다고 운동에 많은 시간을 할애할 필요는 없다. 운동도 지나치면 노동이다. 적당히 해야 한다. 그런데 운동을 하지 않으면 우울한 생각이나 기분이 또 스멀스멀 생겨난다. 운동 대신 필요한 '무엇'을 찾아야 한다. 당신이 갖고 있는 '패'가 많을수록 우울증을 다루기 쉬워진다. 더구나 우울증의 원인이 인생의 의미 상실, 허무 등 보다 근원적인 데 있다면 운동은 대증요법에 불과할 수 있다.

둘째, 사람마다 입맛이 다르듯 운동도 마찬가지다. 자신에게 잘 맞는 운동 그리고 강도를 찾아야 한다. 차가 잘 나간다고 풀 스피드로 달리면 금방 고장 나듯, 운동도 휴식과 이완이 중요하다.

그렇다면 그 운동이 내게 맞는 건지 어떻게 알 수 있을까? 운동을 하고 나서 심신이 편하면 된다. 적당히 피곤하고, 즐겁고, 그다음 날 또 하고 싶다면 자신에게 맞는 것이다. 평소 자신의 몸과 마음의 메시지에 신경 쓰다 보면 어렵지 않게 알아차릴 수 있다.

특히 정신적인 피로가 크거나 나이가 들어 신체 활동이 제한된다면 몸의 움직임이 격렬하지 않고 완만한 운동부터 시작하길 권한다. 처음부터 무리하지 말고, 하루 20~30분 정도의 가벼운 산책처럼 부담 없는 것부터 시작해 서서히 영역을 확장해가는 것이 좋다.

첫째, 유산소 운동을 생활화하자.
- 빠르게 걷기 및 산책: 가장 쉽게 시작할 수 있는 운동이다.
- 자전거: 관절 부담을 줄이면서 기분 전환에 효과적이다.
- 수영: 관절에 무리가 적고, 심신 이완에 좋다.

둘째, 근력 운동을 병행하자.
- 팔굽혀펴기, 스쿼트: 전신 근육을 강화하고 자신감을 높여준다.

- 가벼운 아령: 상체 근육 단련과 혈액순환에 효과적이다.

셋째, 균형 감각을 키우자.
- 요가, 필라테스: 몸의 균형과 마음의 안정을 길러준다.
- 태극권 등 권법, 단전호흡, 기공, 도인술: 심신의 안정과 유연성, 활력을 가져다준다.
- 도리도리(뇌파진동) 운동: 목을 좌우로 흔드는 간단한 동작으로 집중력과 이완을 돕는다.
- 페르시안밀, 메이스벨(가다), 케틀벨 스내치 등 고대진자 운동: 신경계 안정화 및 심신 균형을 가져다준다.

이 중 무엇이든 당신에게 맞고 부담 없는 운동을 찾아내 매일 하라고 권하고 싶다. 가사를 돌본다면 요리나 청소도 훌륭한 운동이 될 수 있다.

예컨대 나는 뇌파진동 명상법인 '도리도리 운동'의 도움을 많이 받았다. 단전호흡을 하던 중 지인에게 배운 동작인데, 말 그대로 목을 좌우로 흔드는 간단한 운동이다. 하루 5~10분 정도 목과 턱 주변의 긴장을 풀고 머리를 양옆으로 '아니야' 하듯 흔들면 뒷목과 어깨의 뻐근함이 풀리면서 머릿속이 가벼워진다. 그 자리엔 텅 빈 고요가 남는다. 기분이 고조되면 음악을 틀어놓고 20~30분간 막춤을 추듯 몸을 흔들기도 했다. 땀을 흠뻑 흘리고 나면 스트레스가 확 풀리고 기분이 좋아졌다. 이런 운동들을 꾸준히 하자 밤에 쉽게 잠이 들었고, 중간에 깨거나 땀을 흘리던 증세가 줄어들었다.

어떤 식으로든 신체를 움직이자. 운동을 통해 몸을 건강하게 만들자. 그래야 행복하게 유익한 일을 하며 살다 갈 수 있지 않겠는가.

자연: 무심의 숲으로 돌아가다

운동을 계속하지만 공허감을 메꿀 수 없다. 운동할 때 반짝 기분이 상쾌해지고 활력이 솟지만 이후 다시 인생의 무게와 과거의 상처가 나를 억누른다. 호날두나 메시처럼 골을 넣는다고 이 무게와 상처가 없어지겠나. 물론 아직 내 마음 상태는 병적인 데서 완전히 자유로워진 것은 아니지만.

병원치료를 마치고 운동을 열심히 하던 2012년 가을 어느 날 일기의 한 구절이다. 일을 할 때나 운동을 할 때는 괜찮았지만 가만히 앉아 있으면 이런저런 잡념이 스멀스멀 떠올랐다. 이럴 때의 우울한 감정은, 비유하자면 굳은 빵 같다. 말라

비틀어져 아무런 맛도, 감흥도 느껴지지 않는다. 흔히들 우울증이라 하면 슬프고 비탄에 젖은 마음 상태를 떠올리지만 내게는 '무감각' 그 자체였다. 그저 나와 지난날에 대한 루미네이션의 쉴 새 없는 반복일 뿐이다.

이 딱딱해진 빵을 부드럽게, 촉촉하게 만들 수는 없는가. 잃었던 웃음, 울음, 기쁨, 슬픔을 찾아줄 그 무엇은?

운동 외의 그 무엇이 필요했다. 마침 운동을 통해 체력이 회복되고 몸에 활력이 생기니 자꾸 바깥으로, 자연 속으로 나가고 싶은 욕망이 생겨났다.

자연과의 단절이 가져온 문제

우리는 본래 자연 속에서 살아온 생명체다. 수십억 년 전 단세포 생물에서 시작해 진화한 끝에 인간이 된 우리는 만물의 영장이 될 정도로 생존의 귀재요, 적응의 끝판왕이다. 그 모든 터전이 자연이다.

그러나 현대인은 자연과 단절된 삶을 살고 있다. 과거에는 자연 속 삶이 90%였다면 지금은 인공적인 환경 속 삶이 90%다. 그 결과 우울증, 알레르기, 비만, 당뇨, 면역력 저하 같은 심신질환이 증가했다. 그럴수록 우리는 자연에 연결되어야 한다. 생물학자 리처드 도킨스(Richard Dawkins)가 말한 '이기적 유전자(The Selfish Gene)'의 집합체인 인간이야말로 자신의 본래 환경인 자연 속에서 가장 행복하지 않겠는가?

마침 서울 근교 양평에 회사 연수원이 있었다. 앞으로 남한강이 흐르고 뒤로는 산이 자리한 배산임수(背山臨水)의 명당이었다. 나의 삭막한 마음을 달래주기에도 안성맞춤이었다.

금요일이면 퇴근 후 곧장 연수원으로 달려갔다. 주말 내내 남한강이 한눈에 보이는 풍광 좋은 방에 머물며 자연과 함께 지냈다. 아침저녁으로는 잘 가꾸어진 정원과 아름드리 나무 숲을 산책하고, 낮에는 주변 산을 오르거나 강변을 따라 몇 시간씩 걸었다. 자연 속에서는 색다른 고요함을 경험했다. 그러나 사색은 극도로 자제했다. 자칫하면 생각의 실타래가 풀려 루미네이션의 늪에 빠질 수 있기 때문이다. 내게는 '채움'보다 '비움'이 먼저였다.

자연 속에서 비로소 마음이 숨을 쉬는 느낌이 들었다.

자연은 왜 치유력을 줄까?

사람은 자연의 푸른색, 녹색만 봐도 기분이 좋아진다. 산속을 몇 시간씩 오르락내리락 헤매고 다니면 땀으로 온몸이 흠뻑 젖고 몸은 피곤하지만 마음은 가벼워지고 활력이 솟는다. 왜 그럴까?

첫째, 자연 속에서 시간을 보내면 부교감신경계가 활성화된다. 이는 긴장과 흥분을 담당하는 교감신경계를 억제하고, 심신을 이완시키는 역할을 한다. 일본의 치유학자 요시후미 미야자키 교수는 연구를 통해 숲속에서 30분만 머물러도 코르티솔(cortisol, 스트레스 호르몬) 수치가 평균 13.4% 감소한다는 사실을 발견했다.

둘째, 나무가 내뿜는 피톤치드에 항균 및 항염 효과가 있으며, 이는 면역력을 증진시킨다. 또한 자연에서 발생하는 음이온은 체내 세로토닌 균형을 맞춰 정신적인 안정을 돕는다.

셋째, 낮에 햇빛을 충분히 받으면 멜라토닌(melatonin)과 세로토닌의 균형이 이루어져 밤에 숙면을 취할 수 있다. 특히 아침 햇살을 받으면 비타민D 합성이 촉진돼 우울증을 완화하는 효과가 있다.

넷째, 자연에서 들리는 새소리, 바람 소리, 물소리는 인간의 뇌에서 알파파를 증가시켜 긴장을 풀어준다. 명상할 때 나타나는 뇌파와 비슷한 패턴으로, 자연 속에서 '무심(無心)'의 상태가 되는 이유이기도 하다.

이런 사실들은 과학적으로 밝혀졌지만, 아직 밝혀지지 않은 것들이 더 많다. 우리는 자연에서 보이지 않는 에너지와 진동을 느낀다. 대표적인 것이 '경외감(awe)'이다. 미국 UC버클리대학교 대커 켈트너(Dacher Keltner) 교수의 연구에 따르면 자연을 바라볼 때 경외감을 경험하면 우울과 불안이 감소하고, 삶의 만족도가 높아진다. 광활한 자연을 접하면 자신의 고민이 상대적으로 작아 보이며, 스트레스에서 벗어날 수 있다.

일상에서 경외감을 느낄 수 있는 가장 쉬운 방법은 '경외감 산책(Awe Walks)'이다. 단순한 걷기가 아니라 자연이나 주변 환경을 보며 경이로움과 감탄을 느끼는 것이다. 경외감 산책을 실천한 사람들은 자기중심적인 사고가 줄어들고, 세상에 대한 긍정적인 관심이 증가한다는 사실이 연구로 입증되었다.

집 근처 공원, 산책로, 조용한 골목길 등 어디든 좋다. 주변의 모든 것을 새로운 시선으로 바라보자. 눈만이 아니라 소리,

냄새 등 다양한 감각을 활용해 어린아이처럼 신기하게 바라보며 경험하는 것이 핵심이다. 아름다운 풍경이나 감동적인 순간을 마주했을 때의 감정을 있는 그대로 느껴보자.

나는 숲속 바위에 걸터앉아 눈앞에 펼쳐지는 산수의 아름다운 풍경, 새 소리와 계곡 물소리, 스치는 바람의 시원함, 코를 찌르는 수목의 향기 등 오감을 최대한 작동시키며 2300년 전 중국 사상가 장자(莊子)의 '무심의 공덕(功德)'을 읊조려보곤 했다.

"무심의 고요함으로 안정을 지키고 그윽한 적막 속에 쉬노라."

자연 속에서는 아무것도 하지 않아도 그 자체로 치유가 되었다. 자연에서의 시간은 우리를 본래의 건강한 상태로 되돌리는 강력한 자연 치유제다.

자연의 사계를 지나니 빛이 보였다

연수원에서 보내는 주말 생활이 익숙해지면서 점차 더 넓은 자연을 찾아 나섰다. 용문산, 산음휴양림, 유명산, 중미산 등 서울 인근의 심산유곡을 헤매며 자연의 기운을 온몸으로 받아들였다. 그러면서 자연스럽게 맛집 탐방도 즐기게 되었다. 옥천 냉면, 이포 막국수, 지평리 보리밥집 등 지역 명소를 찾아다니며 음식이 주는 소소한 즐거움을 맛보았다.

겨울이 오면서 자연과의 교감 방식도 바뀌었다. 자전거를 타는 대신 매일 새벽 고덕산에 올랐다. 찬 공기를 가르며 생각을 긍정적으로 튜닝했다. 어두컴컴한 숲길에서 마주치는 나무, 풀, 흙, 낙엽, 공기, 하늘, 달과 인사를 하고 대화를 나눴다.

"밤새 잘 지냈니? 오늘도 좋은 하루를 만들어가자."

한강이 한눈에 내려다보이는 곳에 올라 심호흡과 맨손체조를 하면서 몸을 풀었다. 팔굽혀펴기, 윗몸 일으키기, 벤치프레스 등을 차례로 한 뒤 약 10분간 묵상과 기도를 하고 내려왔다. 1시간 정도 걸렸다.

해가 바뀌어 다시 맞은 봄. 그사이 나는 약을 완전히 끊고 긍정적인 사고를 하며 스스로를 편하고 행복하게 하라는 의사의 지시를 꾸준히 실천하고 있었다.

2013년 3월 어느 날 아침, 출근길 승용차 안에서 문득 설렘을 느꼈다. 갑자기 소풍 가는 아이처럼 심장이 즐겁게 뛰었다. 사무실에 가면 뭔가 즐거운 일이 기다리고 있을 것 같았다. 설렘. 참으로 오랜만에 느끼는 감정이었다. 차갑고 딱딱한 빵이 뜨끈하고 부드러워진 것일까.

회사에 가니 모든 게 새로워 보였다. 내 사무실에서 보이는 남산과 덕수궁 풍경, 눈부신 햇살, 거리 풍경… 모든 것이 달라져 있었다. 이전까지의 마음 상태와 확연히 대비되는 감정이었다. 돌이켜보면 불면에 시달린 지 1년 만이었다. 짧지만 지독하게 우울증을 겪었기에 이 작은 변화가 더욱 신기하고 감사했다. 마음이 '흐림'에서 '맑음'으로 전환되는 과정이었다.

며칠 뒤 나는 일기장에 이렇게 적었다.

마치 긴 터널을 빠져나오고 있는 듯한 느낌이다. 저 멀리 터널 밖에 환한 빛이 보이는 듯하다. 아직 암흑 속 터널 속에 있지만 곧 나갈 수 있을 것이다. 그런 기대와 희망이 든다….
행복은 외적 환경에서 주어지는 것이 아니라 자기 삶의 태도요, 선택이요, 의지요, 훈련이다.

봄과 여름이 지나고 다시 낙엽이 지는 가을로 접어들었다. 우울증 치료를 받고 회복하기 시작한 지도 어느덧 1년 반. 어느 한적한 토요일 오후에 혼자 인왕산을 올랐다.

하얀 뭉게구름 사이로 보이는 하늘은 너무나 푸르렀다. 단풍은 울긋불긋 아름다웠고, 마주치는 등산객들의 표정은 환했다. 내 마음 한구석에 행복감이 물밀듯이 솟아오르기 시작했다. 문득 이런 생각이 들었다.

'여기가 바로 천국이구나.'

나는 집으로 돌아와 책상머리에 앉아 이렇게 기도했다.

"사랑하는 하나님 아버지,

토요일 저녁 아내와 둘이 앉아 TV 드라마를 함께 보면서
마음이 따뜻해지는
지금 바로 여기가 천국입니다.

11월 만추 인왕산에 올라 지는 단풍의 아름다움과
내려다보이는 서울 서촌과 북촌, 아늑한 마을 풍경에
가슴이 벅차오르는
지금 바로 여기가 천국입니다.

하나님, 감사합니다. 사랑합니다.
이 감사의 기도를 드리는 바로 이 순간, 제 서재가,
지금 바로 여기가 천국입니다. 아멘."

물론 이후에도 여러 개의 관문이 남아 있었고, 시험은 여전했다. 그러나 긴 소설책의 챕터가 하나씩 넘어가듯 내 우울증 스토리도 하나씩 바뀌어가고 있었다.

일상에서 자연과 가까워지는 법

자연과 가까워지는 것은 특별한 일이 아니다. 누구나 쉽게 할 수 있다.

첫째, 가까운 곳에서 시작하자. 공원, 둘레길, 산, 강변 등 우리 주변에는 자연이 많다. 서울만 해도 남산, 북한산, 한강, 청계천… 참으로 많다. 일상에서 자연과 접할 수 있는 공간을 찾아보자.

둘째, 맨발 걷기를 시도해보자. 요즘 맨발 걷기 열풍이 뜨겁다. 효능은 과학적으로 입증되었다. 신체가 땅과 직접 접촉

하면 피로물질이 감소하고 심리적 안정이 찾아온다. 스티븐 시나트라(Stephen Sinatra) 박사는 저서 《어싱(Earthing)》에서 맨발 걷기가 활성산소를 제거해 심신 건강을 돕는다고 밝혔다. 나도 맨발 걷기로 마음 안정은 물론 숙면, 쾌변 및 건선 완화 효능을 직접 확인했다.

셋째, 앞서 말한 경외감 산책을 습관화하자. 풍경이 뛰어난 곳이 아니어도 괜찮다. 길가의 작은 꽃, 하늘의 구름도 경외의 대상이 될 수 있다. 아이처럼 세상을 바라보며, 산책을 새로운 경험으로 만들어보자.

넷째, 자연과 교감하자. 작은 화분을 가꾸거나 반려동물과 시간을 보내는 것도 자연과의 교감이다. 김대중 전 대통령은 감옥에서 창가의 작은 풀과 대화하며 마음을 다스렸다고 한다. 꽃, 들풀과 대화하는 것만으로도 사람의 마음이 순화되고 연결감이 생긴다.

다섯째, '오픈 포커스(Open Focus)' 기법을 활용하자. 스마트폰을 오래 보면 시야가 좁아지고 스트레스가 증가한다. 반대로 넓은 하늘이나 원경을 바라보면 뇌파가 안정된다. 미국의 심리학자 레스 페미(Les Fehmi)는 오픈 포커스 기법을 통해 주의력이 넓어지면 알파파가 증가하고 심신이 이완된다고 밝혔다. 방법도 어렵지 않다.

- 스마트폰, 컴퓨터 등 '좁은 화면'에서 눈을 떼고 주변을 넓게 보라.
- 두 눈 사이의 공간을 상상하고, 주변의 넓은 공간을 의식하라.
- 자연 속에서 걷거나, 하늘과 풍경을 바라보며 열린 시야를 유지하라.
- 일상에서 '넓은 시야'를 가지려는 습관을 들여라.

미국 UCLA 생리학과 교수를 지낸 발레리 헌트(Valerie Hunt)는 사람의 마음과 신체에서 나오는 에너지의 움직임을 시각적으로 규명한 연구로 유명하다. 그녀가 12년 이상 특수촬영한 영상에는 인간과 동물, 자연, 심지어 무생물에서 나오는 에너지(aura)와 진동의 역동적인 모습이 고스란히 담겨 있다. 유튜브 영상에서 그녀는 자연 속에서 사람의 전자기장이 활성화된다고 설명했다. 해변이나 깊은 산속에서 신체 에너지가

▶ 발레리 헌트의 'Dr. Valerie Hunt Energy Field Images'
 (출처: 유튜브 채널 'Linda Frees')

나만의 자연 명상 루틴 만들기

주 1회	숲속 걷기 1시간
산책 중	생각이나 말 없이 오감(五感)에 집중
산책 후	감사 호흡 3회

폭발적으로 증가하는 것도 이 때문이다.

우리는 자연 속에서 본래의 자신을 되찾고, 더 건강한 삶을 만들어갈 수 있다. 당신도 자연으로 돌아가보라. 그곳에 치유의 답이 있다.

즐거움 : 루미네이션을 이기는 기쁨의 기술

운동을 하고 자연 속에서 휴식을 취한 뒤 가볍고 편안한 마음으로 있을 때 우울증이 슬며시 다가와 말을 건다.

"지금 기분이 좋지? 그런데 내일도 오늘처럼 좋을까?"

대꾸는 하지 않아도, 신경은 어느새 지금의 마음 상태를 체크하기 시작한다.

'어, 가슴이 묵직하고 뜨끔거리는 것 같네. 왜 그러지?'

그러면 우울증이 다시 말을 건넨다.

"혹시 암이 아닐까? 친구도 얼마 전에 폐암으로 세상을 떠나지 않았니?"

순간 마음이 불안해진다. 우울증은 말을 잇는다.

"너희 집안 어른들도 암으로 돌아가셨잖아."

이런 식으로 우울증은 무궁무진한 이야기를 풀어놓는다. 조금 전만 해도 편안했던 마음이 한순간에 어둠으로 가득 찬다.

우울증은 천재 스토리텔러다. 언제나 게릴라처럼 침투할 준비가 되어 있다. 공기처럼 어디에든 존재하고, 작은 틈만 나면 비집고 들어온다. 잘 정돈된 마음을 순식간에 무너뜨리는 파괴력이 있다.

이런 침투에 넘어가지 않으려면 '무덤덤', '무반응'이 최고인데, 말처럼 쉽지 않다. 우울증의 말은 마치 로렐라이 언덕의 마녀가 부르는 유혹의 노래처럼 너무나 치명적이다. 결국 매순간 벌어지는 '우울의 시험'에 맞서야 한다. 작은 싸움에 계속해서 승리하면 큰 싸움에서도 이길 수 있다.

그런데 여기서도 기술이 좀 필요하다. 잘 대처하려면 정신을 차려야 한다. 하지만 너무 바짝 차려도 안 된다. 긴장 상태가 계속되면 그 역시 우울증의 먹잇감이 될 수 있다. 그렇다고 마음을 놓아버리면 우울증이 다시 내 몸과 마음을 점령해 주인 행세를 한다.

자, 그럼 어떻게 해야 할까. 사실 인생은 늘 이런 시험의 연속이다.

우울증의 기막힌 대화술에 넘어가지 않으려면

우울증은 이율배반적이다. 우울증은 나의 모든 생각과 감정, 감각을 꿰뚫고 있는 AI와 같다. 그가 나의 모든 수를 읽기 때문에 정면 대결로는 승리하기가 어렵다. 그러나 계속 피하거나 부인한다고 해서 해결되지도 않는다는 것이 내 경험에서 나온 결론이다.

그렇다면 어떻게 해야 할까.

한 극장에서 두 편의 영화가 동시에 상영되고 있다고 상상해보자. 왼쪽 스크린에는 공포영화가, 오른쪽 스크린에는 로맨틱 코미디가 흐른다. 왼쪽 공포영화의 소리와 화면이 자꾸 신경 쓰이게 해도, 나는 오른쪽 로맨틱 코미디에 집중하려고 애쓴다. '공포영화를 무시하겠다'라는 결연한 자세가 아니라, '내가 좋아하는 영화를 본다'라는 무심한 태도가 핵심이다. 우울증이 무슨 소리를 하든 덤덤하게 대하는 것이다. 어찌 보면 남녀 간의 '밀당'과도 유사하다. 내가 조급해하거나 흔들리지 않고 버티면 어느새 마음에 행복감이 느껴졌다. 머릿속에 긍정 물길이 생기면 신경가소성(neural plasticity) 원리에 따라 뇌에 긍정 루트가 개통되기 때문이다.

루미네이션과 대화하는 법

상황	대응 전략
부정적인 생각 침투	'아, 또 왔구나' 인지하고 흘려보내기
유혹적 이미지	감정을 받아들인 후 행동 전환(산책, 글쓰기 등)
회상 반복	"지금 나는 안전하다"라는 말로 과거와 현재 구분

신경가소성이란 뇌의 신경회로가 외부 자극이나 훈련으로 바뀌는 현상을 말한다. 특정 생각이나 행동이 반복되면 뉴런 간 연결이 회로를 이루고 점차 길이 만들어진다. 나중에는 고속도로처럼 활짝 뚫린 '마음의 길'이 생긴다. 부정회로가 형성되면 항시 부정적인 상태로 대기하게 되고, 반대로 긍정회로가 만들어지면 작은 일에도 쉽게 행복을 느낄 수 있다.

나도 이런 식으로 긍정적인 마음 상태를 꾸준히 유지하려고 노력했다. 말은 쉽지만 실제로 해보면 잘되지 않는다. 그래도 해야 한다.

가장 먼저 할 일은 내 머릿속에 긍정 물길을 내줄, 힘이 나고 즐거운 일을 찾는 것이다. 그리고 의도적으로 자주 행해야 한다. 예금통장에 한 푼 두 푼 저축하다 보면 나중에 목돈이 되듯, 마음에 심리계좌를 개설해 긍정적인 마음을 저축하면 유사시에 꺼내 잘 쓸 수 있다. 나는 이런 방법을 사용했다.

첫째, 좋은 글을 낭송했다.

우울증 초기에 내가 시도한 것은 '긍정심리 훈련'이었다. 책 속 문장이나 시 등을 수첩에 적어두고 수시로 꺼내 읽었다. 길을 걸으며 반복해 외우기도 하고, 머릿속으로 상상하기도 했다. 그렇게 뇌에 긍정 물길을 틔우려고 노력했다.

둘째, 성경과 불경을 필사했다.

주변의 권유로 시작한 일이다. 내가 아는 원로 법조인은 〈시편 23편〉을 수천 번 쓰면서 마음의 평온도 얻고, 사법고시도 패스했다고 말했다. 주변 고시 친구들도 그렇게 해 효과를 보았다고 했다. 기독교 신자인 나도 초등학생용 노트를 사서 마음이 불편할 때나 시간이 남을 때 "여호와는 나의 목자시니 내게 부족함이 없으리로다…"로 시작되는 〈시편 23편〉을 쓰곤 했다. 플라시보 효과일까. 필사를 할 때마다 왠지 마음이 편해지고 밝아지는 것을 느낄 수 있었다.

셋째, 음악을 들었다.

우울증이 심할 때는 음악이 마음을 안정시키는 데 효과적이었다. 나는 주로 리하르트 바그너의 오페라 〈탄호이저〉 중 '순례자의 합창'과 〈트리스탄과 이졸데〉 서곡, 구스타프 말러의 교향곡 등에서 위안을 얻었다. 숲속을 걸으며 첼리스트 요요마가 연주하는 '아베 마리아'를 듣기도 했고, 때로는 1970년대 통기타 노래와 팝, 재즈로 기분 전환을 했다. 뇌과학적으로 음악은 뇌 전체를 활성화하는 충전제이자 두뇌 영양제라고 한다.

넷째, 식도락의 즐거움을 누렸다.

나는 맛집 순례가 취미다. 스트레스를 풀고, 좋은 인간관계를 쌓으며, 소소한 행복을 찾는 일석삼조의 방법이다. 좋은 사람들과 가성비 좋고 정감 가는 식당에서 술 한잔 마시며 유쾌하게 대화하는 것이 항우울제를 일주일 치 먹는 것보다 낫다. 행복심리학자로 유명한 서은국 연세대학교 교수는 저서 《행복의 기원》에서 행복은 결국 사랑하는 사람들과 맛있는 음식을 먹는 것이라고 했다.

다섯째, 봉사 활동을 했다.

보육원 어린이들과 매달 한 번씩 만나 함께 놀고, 식사를 했다. 몇몇 후배와 시작한 지 어느덧 10년이 되었고, 어린이들과 유대관계도 돈독해졌다. 이 작은 봉사는 내게 '행위 명상'이며, 마음을 정화하는 시간이다. 겉으로 보기엔 아이들을 돕는 것 같지만, 실제로는 나 자신을 돕는 것이다.

이 모두 우리를 즐겁게 해주는 활동들이다. 그러나 늘 조심해야 한다. 긍정 잔고를 늘리겠다고 너무 열심히 달리면 오히려 역효과가 날 수도 있다. 우울증이 이를 눈치채고 방해 공작을 펼칠 수 있기 때문이다. '행복'을 가장한 밀정을 침투시키거나 이중플레이를 펼칠 수도 있다. 피로와 집착, 강박이 생겨 스스로 지치는 상황도 벌어진다.

무엇이든 과하면 안 된다는 사실을 기억해야 한다. 예컨대 심신이 매우 지친 상태인데 긍정심리에 집착해 '난 하나도 힘들지 않아', '나는 행복해'라며 스스로를 속이려 하면 뇌 시스템이 현실과의 괴리에 빠져 더 큰 혼란을 겪을 수 있다. 물이 흘러가듯 자연스러워야 하며, 지나치거나 인위적인 것은 피해야 한다.

당신에게 권하고 싶은 일상의 '소확행'

춤

정신과 의사를 포함해 많은 이들이 우울한 기분을 없애는 수단으로 춤을 권유했다. 춤 문화가 발달한 서양에서는 의사가 우울증 환자를 진료할 때 "언제부터 춤을 추지 않았나요?"라고 묻는다고 한다. 그만큼 춤이 인생의 활력, 신체적인 건강, 심신의 균형을 제공한다는 방증이다. 1990년대 일본 영화 〈쉘 위 댄스〉도 중년 남성이 춤을 통해 삶의 의미와 행복을 찾는 과정을 보여준다.

나는 비록 몸치이지만 음악이 들릴 때 저절로 몸을 들썩이는 막춤은 즐기는 편이다. 4분의 4박자 고고 리듬이나 사물놀이에 맞춰 춤을 춘다. 앞서 언급했듯 고개를 좌우로 흔드는 '도리도리 춤'도 운동 삼아 자주 추었다.

음악이나 안무 없이 자기 내면에서 솟아나는 흥과 리듬에 몸을 맡기는 무정형 춤도 있다. 이름하여 '저절로 춤(一始舞, 일시무).' 영어권 의학 저널에서는 이런 '안무 없는 춤'이 우울증 및 불안, 트라우마에 큰 효과가 있다고 전한다.

미술 및 창작 활동

영국 총리를 지낸 윈스턴 처칠은 중년이 되어서야 그림을 배우기 시작했지만, 이것이 그의 우울증 극복에 큰 도움이 되었다. 지금도 영국에서는 정신과 치료의 일환으로 '미술치료'가 널리 활용되고 있다. 국내에서도 미술, 음악, 공예, 조각, 서예 등 예술 창작 활동으로 마음의 상처를 치유하는 사례가 늘어나고 있다. 이는 예술적 결과물을 만들어내기 위함이 아니다. 내면의 감정을 표현하는 과정 자체가 치유 효과를 준다. 나 또한 힘들 때 글을 쓰면서 마음을 가다듬곤 한다. 글이든 그림이든 음악이든 글씨든, 어떤 형태든 좋다. 창작은 마음을 해방시키는 강력한 도구다.

취미 생활

텃밭 가꾸기, 요리, 악기 연주, 등산, 외국어, 요가 등 각자 좋아하는 것을 골라 꾸준히 파고들면, 적어도 그 시간만큼은 우울의 사슬에서 벗어날 수 있다. 인생이 송두리째 바뀔 수도 있다.

사람마다 성향이 달라 대인관계가 활발해야 마음이 편한 사람이 있는가 하면, 혼자 보내는 시간이 편한 사람도 있다.

내가 아는 어떤 이는 혼자 텃밭을 가꾸며 건강하고 행복한 시간을 보내고 있다. 자신에게 맞는 취미와 교류 방식을 찾는 것이 중요하다.

웃음의 힘

웃음은 최고의 자연 치유제다. 1분만 웃어도 스트레스 호르몬이 줄고 면역력이 증가한다. 심지어 억지로 웃어도 효과가 있다. 실제로 구미 각국에서는 '웃음요법(Laughter Therapy)'이 치료로 활용되며, 병원에서는 '의료 광대(Medical Clown)'가 환자의 회복을 돕는다. 영국을 중심으로 전 세계에 퍼져 있는 '웃음 요가' 클럽도 성업 중이다.

흔히 말하는 '웃음 10계명'으로는 크게 웃기, 억지로라도 웃기, 일어나자마자 웃기, 시간 정해놓고 웃기, 마음까지 웃기, 즐거운 생각하며 웃기, 함께 웃기, 힘들 때 더 웃기, 한 번 웃고 또 웃기, 꿈이 이뤄졌을 때를 상상하며 웃기 등이 제시된다. 너무 우울해서 웃기 어렵다면 입꼬리만이라도 살짝 들어 올려보자. 그것만으로도 뇌는 긍정적인 신호로 받아들인다. 미소를 짓는 것만으로 몸과 마음이 변화하는 것이다.

사우나, 찬물 샤워

8년 연속 세계에서 가장 행복한 나라로 선정된 핀란드는 사우나로 유명하다. 인구는 560만 명인데 사우나가 320만 개나 된다고 한다. 사우나는 신진대사와 혈액순환을 돕고, 땀을 통해 노폐물을 배출시키며, 심신을 편안하게 한다.

반대로 찬물 샤워도 뇌를 활성화하고 기분을 좋게 만드는 효과가 있다. 한겨울에도 찬물 샤워를 실천하는 사람들의 사례는 이미 여러 차례 소개된 바 있다. 왕년의 축구 스타 데이비드 베컴은 자기 관리의 일환으로 얼음물 샤워를 했다. 나 역시 한겨울에 매일 아침 2~3분 찬물 샤워를 즐긴다. 정신이 번쩍 들고 기분이 좋아지는 각성 효과! 역시 항우울제 몇 알보다 낫다.

마사지

즐거움을 신경생리학적으로 풀어보면 자율신경계 중 이완과 휴식을 담당하는 부교감신경계가 활성화되면서 심신을 기쁨으로 이끄는 것이다. 여기에 중추적인 역할을 하는 것이 미주신경(vagus nerve)이다. 이는 뇌 깊숙한 곳에서 시작해 심장을 거쳐 창자에까지 들어가는 가장 긴 신경조직으로 호흡, 소화,

심박수, 각종 감각, 운동신경 등을 관장하며 심신의 긴장을 완화하는 역할을 한다. 한마디로 우리에게 즐거움을 주는 모든 행위는 미주신경을 활성화함으로써 얻어지는 것이다.

  심호흡, 스트레칭, 요가 등 대부분의 운동이 미주신경을 활성화하는 데 도움이 된다. 셀프 마사지도 좋다. 딱딱하게 경직된 신체 근육을 풀어주면 마음이 편안해진다. 사랑하는 사람과의 포옹, 키스, 애무, 섹스도 좋다.

  즐거움은 거창한 것이 아니다. 맛있는 것을 먹고, 좋아하는 음악을 듣고, 몸을 움직이고, 책을 읽는 등, 무언가 기분 좋게 만드는 일을 하는 것만으로도 우리는 충분히 행복해질 수 있다.

  우울한 순간을 즐거운 순간으로 바꾸어 나가자. 그러면 우리의 뇌는 점점 긍정회로를 형성하고, 마음의 면역력도 강화될 것이다. 일상의 즐거움을 조금씩 모아 '긍정심리계좌'에 저축해두면, 훗날 인생에 예상치 못한 어려움이 닥쳤을 때 꺼내 쓸 여유가 생긴다. 행복은 거대한 목표가 아니라 순간순간 작은 즐거움을 쌓아가는 과정이다.

일: 생존을 넘어 삶을 복원하는 힘

넷플릭스 다큐멘터리 〈100세까지 살기: 블루존의 비밀〉을 보면, 세계의 장수촌에 사는 백세 노인들은 하나같이 부지런하다. 누구도 손에서 일을 놓지 않는다. 일본의 옛 장수촌 오키나와에서 만난 노인들에게 '일'은 이키가이(生き甲斐), 즉 살아가는 보람이자 삶의 의미였다.

코스타리카 장수촌의 백세 목수, 일본의 장수촌 나가노현의 백세인 그리고 한국의 백세인들에게도 '매일 부지런히 일한다'라는 공통점이 있었다. 그들에게 일은 생계나 습관을 넘어 살아가는 목적이자 의미 자체인 듯하다.

이 이야기는 우울증 극복에도 귀중한 통찰을 준다. 더 이상

할 일이 없다고 느낄 때 우울과 허무가 찾아온다. 반면 열심히 일하는 이들에게는 우울과 허무가 설 자리가 없다. 프리드리히 니체가 "왜 살아야 하는지 아는 사람은 그 어떤 상황도 견딜 수 있다"라고 말한 것처럼, 할 일이 있는 사람에게는 우울이 쉽게 비집고 들어오기 어렵다.

그런데도 우울증에 걸리면 "그냥 편히 쉬어"라고 권하는 경우가 많다. 그러나 몸만 쉬고 머리는 계속해서 돌아가는 상태라면, 그 남는 에너지가 오히려 부정적인 사고에 쏠릴 위험이 커진다.

특히 50~60대 이후, 은퇴한 뒤 갈 곳 없이 빈둥거리다 루미네이션이 악화되는 경우가 많다. '이제 내가 할 일이 없다'라는 상실감이 우울증을 부채질하기도 한다. 실제로 내가 그랬고, 전형적인 예다.

내가 정말 하고 싶은 일은 무엇인가?

현재 회사에 다니고 있는 4050 직장인들이나, 이미 은퇴했지만 한국이 급격히 발전하던 1980~90년대에 드라마틱한 삶을 살아온 베이비붐 세대 모두 비슷한 힘듦, 열패감, 성취감, 허전함을 공유한다. 그들이 돌아보는 삶에는 우울증 요소가 뒤섞여 있는 경우가 많다.

각자의 내면을 깊이 들여다보면 '내가 하고 싶은 일', '내가 해야 하는 일(소명)' 혹은 '세상에 와서 풀어야 할 숙제 같은 무엇'이 자리 잡고 있다. 이를 '카르마(karma)' 혹은 '업(業)'이라 부르기도 한다. 이런 내면의 욕구를 해결한 사람은 행복하고 건강한 삶을 누릴 수 있지만, 그렇지 못하면 불행과 불건강의 소용돌이에 빠지기 쉽다.

캐나다의 정신과 의사 기 코르노(Guy Corneau)의 젊은 시절 꿈은 연극 배우였다. 그러나 부모의 강요와 현실과의 타협으로 의사가 되었는데, 그게 평생 마음의 굴레가 되었다. 의사로서 큰 성공을 거두었지만 마음은 늘 공허했고, 그 마음은 결국 암으로 악화했다. 내 우울증의 동기도 이와 비슷할 수 있다. 내가 진정 원하는 일을 하지 못하고 있다는 사실에서 비롯된 것이니 말이다.

결국 무언가를 해야 한다. 그 무엇을 찾아야만 행복하고 의미 있게 살아갈 수 있다. 따라서 우울증을 극복하기 위해서도, 인생을 잘 살기 위해서도 '나는 무엇을 원하는가? 삶에서 이루고 싶은 것은 무엇인가?'라는 질문이 중요하다.

열심히 살았으나 만족스럽지 못한 삶

어릴 때부터 내 일생을 지배해온 감정을 하나만 꼽는다면 '불안'이다. 우울증에 걸리기 전에도 아침이면 늘 불안했다. 누구보다 열심히 살았다고 자부하면서도, 나는 왜 항상 불안했을까?

우리는 대부분 성인이 될 때까지 자신이 '어떤 사람인지' 제대로 모른 채로 살아간다. 나도 다를 바 없었다.

신문사를 직장으로 택한 것은 내게 큰 행운이었다. 글쓰기, 사람 만나기, 취재, 사회적 영향력, 급여, 직장 분위기, 인간관계 모두가 나와 잘 맞았다. 나름대로 열심히 일했고, 능력도 인정받았으며, 이름도 알려졌다. 당시 신문사의 영향력은 매우 컸다.

그럼에도 내면 어딘가에는 불안감, 원인 모를 무력감, 절망감 그리고 '나'라는 실체에 대한 회의가 늘 자리 잡고 있었다.

이런 감정은 간혹 생로병사의 근원적인 고통을 의식하는 순간에도 고개를 든다. 그럴 때면 우리는 세속적인 일에 몰두해 근원적인 불안을 억압하곤 한다. 돈, 승진, 쾌락, 명예, 성취 등 외부 보상을 통해 근원적인 절망감을 마비시키려 애쓴다. 나 또한 그것들이 어쩌다 의식 위로 튀어나오면, 더 열심히 회사 일에 매달리거나 술 또는 친구에게로 도피했다. 그러나 잠깐 무언가를 이루면 일시적인 평온과 만족감을 맛보지만, 곧 원래 상태로 돌아가고 만다.

그러다 40대에 접어들면서 이런 내면의 소리가 조금씩 커져갔다.

> 인생은 한 번뿐인 유한한 삶이다. 나는 삶에 대해 더 알고 싶고, 행복하고 성취하는 삶을 누리고 싶다. 나름 괜찮게 살아왔지만 왠지 만족스럽지 못하다. 무엇보다 내 스스로가 만족스럽지 못하다. 왜일까?
>
> ―2003년 일기 중에서

내면의 문제의식은 훗날 우울증으로 이어졌다. 당시에는 '누구에게나 있는 인생 회의감' 정도로 치부했지만, 내게는 달랐다.

어쨌든 국내 최고 신문사 간부로 잘나가는 편이었고, 별 문제가 없다면 안정적으로 인생 후반기를 살 수 있었으며, 변화를 시도해도 그 틀 안에서 하리라 생각했다. 그러나 몇 년 뒤 회사의 인사 조치가 내 마음속 깊은 곳을 건드렸다. 새로운 자리가 나쁜 것도 아니었다. 신문사 사업을 맡아달라는 부탁이었는데, 내게는 그 제안을 받아들일 여지가 없었다. 기자로서 '사회 정의와 공익을 위한다'라는 자부심으로 살아가고 있었는데, 그것과 전혀 다른 길을 간다는 것이 받아들여지지 않았다.

이미 내 안에는 '이대로는 행복도, 진정한 성취도 얻기 어렵다'라는 불안감이 들끓고 있었다. 그 불안감이 나를 결국 신문사 밖으로 내몰았다. 나는 30분 만에 사표를 던지기로 결심했다. 22년간 몸담았던 직장을 그날로 뛰쳐나왔다. 스스로를 벼랑 끝에 세우겠다고 결심했다. 거친 광야에서 홀로 서겠다고 다짐했다. 더 밀리면 떨어진다는 각오로, 배수의 진을 친 채 버텨야겠다고 생각했다. 인간 개조! 나를 '혁명'시켜야 한다는 불길이 마음속에 타올랐다.

'만약 힘에 부쳐 주변 사람들이 다 떠나고 나도 결국 떨어

지고 만다면?'

그것 역시 나의 선택이라고 생각했다. 내가 판단했고, 내가 내린 선택이니 책임도 내가 지는 것이다. 내 인생이니까. 어금니를 꽉 깨물었다.

신문사를 나와 곧바로 종로구청 옆 신축 오피스텔에 방 하나를 얻었다. 그리고 종일 글을 썼다. 베스트셀러 작가가 되어 기필코 인정받겠다는 야심으로 말이다. 2005년 1월, 한겨울 추위가 매서웠다.

생계를 유지해야 했기에 여러 일을 했다. 프리랜서 작가로 잡지에 기고했고, 대학 강단에서 시간강사로 일했으며, 방송 출연과 기업 강연도 했다. 그렇게 1년 반을 보내고 책을 한 권 출간했다. 그러나 시장의 반응은 미미했다.

그 후 2007년 대선을 거쳐 청와대에 들어갔지만, 기자 생활을 하다 권력의 세계로 들어가 보니 분통 터지는 일이 많았다. 직설적인 내 성격과 맞지 않아 사람들과 부딪치는 일도 잦았다.

결국 내가 직접 힘을 가져야겠다고 생각해 국회의원 도전을 결심했다. 2012년 4월 19대 총선을 위해 1년 전인 2011년 봄에 사표를 냈지만, 결국 그해 겨울 출마를 포기했다.

내게 '일'은 인생 그 자체였다. 일을 통해 내 정체성과 가치를 확인하고 싶었다. 아마 대한민국의 많은 이들, 특히 50대 이상 남성 대부분이 크게 다르지 않을 것이다. 일은 돈 이상의 의미다. 삶의 가치, 명예, 영향력 모두가 일에 포함된다.

나는 기자라는 직업에 몰두했고, 그것을 놓자마자 다른 '가치 있는 일(대통령 보좌)'에 몰두했으며, 나아가 정치인이 되는 것을 '가장 중요하다'고 여기다 결국 포기했다. 그리고 우울증에 빠졌다. '할 일'이 사라지자 절망감과 함께 우울증이 엄습한 것이다.

내 삶을 채워줄 일을 찾는 질문

매일 우울, 절망과 싸우며 과연 나는 어떤 일을 해야 만족할 수 있을지 고민했다. 신문사로 돌아가거나 정치권 주변을 맴돌 수는 없었다. 조금이나마 권력의 맛을 본 터라 웬만한 일은 눈에 들어오지 않았다. 교만과 허영으로 가득 찬 내 마음을 어떻게 해야 할까. 새롭게 다니는 직장은 의미도 있고 안정감도 주었지만 시한이 있어 얼마 뒤에 그만둬야 한다. 나이 예순

이 넘었다고 마냥 쉴 수도 없다. 모아둔 돈도 없다.

게다가 우울증은 장기전이다. 당장은 호전됐더라도 재발률이 높다. 틈만 생기면 아픈 상처를 헤집는 루미네이션이 특징이므로, 규칙적으로 꾸준히 몰두할 일이 있는 것이 무척 중요하다. 그러니 더욱더 일을 해야 하는데, 도대체 어떤 일을 할 수 있을까.

결론부터 말하면 자신이 좋아하고, 잘하고, 의미 있는 일을 찾아야 한다. 거기에 수입까지 생긴다면 더 좋다. 나는 생각 끝에 다섯 가지 기준을 정했다.

- 집중: 루미네이션에서 벗어날 수 있는 일을 찾자.
- 긍정심리: 내가 좋아하는 일이어야 한다.
- 자기효능감: 내가 잘할 수 있는 일이어야 한다.
- 자아실현: 내게 의미 있는 일이어야 한다.
- 경제 활동: 수입을 창출할 수 있는 일이면 좋겠다.

이 기준에 부합하는 일이 무엇일까? 내게 그 답은 책을 쓰는 것이었다. 신문사를 나올 때도 책을 써서 독립하겠다고 생각했고, 글쓰기, 사람 만나기, 취재 활동은 내가 좋아하는 일이자, 잘하는 일이자, 의미 있는 일이다. 책이 잘 팔린다면 수입도 창출되니 그야말로 맞춤형 1석 5조였다.

어떤 책을 쓸지 구상하다가 우선 중앙일보 일요판 〈중앙선데이〉에 글을 연재하기로 했다. 3주에 한 번, 한 페이지 분량. 제목은 '함영준의 사람과 세상'이었다. 기자 생활을 하며 그간 만나왔던 김영삼, 김대중, 노무현, 이명박 등 전직 대통령부터 언론인, 법조인, 기업인, 군인, 작가, 심지어 사형수나 조직폭력배 두목 등 현대사를 장식한 여러 인물의 빛과 그림자를 재조명했다.

돌이켜보면 약 3년간의 연재와 책 작업 덕분에 우울증 병마에 끌려가지 않을 수 있었다. 연재물은 큰 호응을 얻었고, '내가 제법 글을 쓸 줄 아는구나' 하는 자신감도 생겼다. 이는 어떤 항우울제보다 강력한 성취감과 삶에 대한 욕망을 심어주었다.

이후에는 내가 쓴 글을 바탕으로 콘텐츠를 만들고, 사회에 전파하는 작은 사업을 꿈꾸었다. 잡지나 미디어, 교육 프로그램, 문화 예술과의 협업 등 다양한 형태로 펼쳐내는 그림을 그렸다. 친정 계열 회사에서 고문직을 맡아 발품을 팔고 주변에 도움을 청해가며 사업을 구상하기 시작했다.

각자의 길을 찾는 사람들

세상을 돌아보면 누군가는 일찌감치 자신에게 맞는 일을 찾아 행복하게 일하는 반면, 누군가는 평생 '원치 않는 일'을 하며 공허함 속에서 살아간다. 안타깝게도 후자의 경우가 적지 않다. 개중에는 학창시절에 공부도 잘하고, 남들이 부러워하는 직장에 다니며 화려한 경력을 쌓은 이들도 있는데, 정작 자신은 어떤 일이 좋은지도 모르고 산다. 그저 주위에서 시키는 대로 했고, 안전 위주의 삶을 살았기 때문이다. 겉보기엔 잘나가지만 그들의 내면은 공허하다. 행복도 열정도 없다. 내가 만난 의사, 법조인, 고위 공무원 중에도 그런 이들이 있었는데, 시쳇말로 '성·불·사'다. 성공했지만 불행한 사람이란 뜻이다.

반면 나훈아, 조용필, 송강호, 이병헌 같은 이는 다른 것은 몰라도 일에 관한 한 정말 복 받은 사람들이다. 그들은 일찌감치 자신이 원하는 일을 택했고, 재능과 시운까지 겹쳐 한국을 대표하는 가수로, 배우로 자리매김했다. 만약 그들이 다른 직업을 택했다면 행복했을까.

구로사와 아키라 감독의 영화 〈살다(生きる)〉는 정년을 앞

둔 공무원 와타나베가 위암 말기 선고를 받은 뒤, 아이들의 놀이터를 건립하는 데 모든 것을 쏟아붓고 삶을 마무리하는 이야기다. '살아가는 목적'에 눈뜨는 순간, 비로소 진정한 삶을 맛볼 수 있다.

내가 만난 한국의 '쓰레기 줍기' 여성도 인상 깊었다. 그녀는 유학파 출신 영어 강사였지만, 마흔에 직장을 그만두고 내면의 목소리를 좇아 쓰레기를 줍기 시작했다. 처음에는 사람들이 이상하게 볼 것 같아 새벽과 밤에 동네를 돌아다니며 쓰레기를 주웠다. 하지만 어느 순간 쓰레기를 줍기 위해 몸을 굽히는 것이 마치 대자연에 겸허히 고개 숙이는 성스러운 의식처럼 느껴졌다고 한다. 비로소 자신의 일을 찾은 것이다. 어떤 단체나 운동에도 가담하지 않고 그렇게 해온 지 20년이 넘었다. 그 과정에서 몸과 마음은 행복해지고 삶의 방향은 분명해졌다.

'평생 이렇게 살아가겠다.'

그녀는 자신이 전생에 티베트 승려가 아니었을까 생각한다. 과거의 나라면 어려웠겠지만, 지금의 나는 그녀의 행동에 충분히 공감한다. 신문사에 들어갔다가 뛰쳐나오고, 청와대에 들어가서도 좌충우돌하다 결국 우울증에 걸리고서야 인생을 새로 사는 나도 어쩌면 그렇지 아니한가.

내가 원하는 일을 찾는 질문들

1. 나는 어떤 일을 할 때 시간 가는 줄 모르는가?
2. 내게 큰 성취감과 즐거움을 주는 것은 무엇인가?
3. 그 일을 통해 사회에 기여할 수 있는가?
4. 경제적인 보상과도 연결되는가?

내면의 소리가 격렬하다는 것은 그만큼 자신의 변화를 바라는 에너지가 강렬하다는 뜻이다. 그 소리를 무시하고 안전하게 살 것인가, 아니면 힘들더라도 행동할 것인가. 우울증이 이런 성찰의 시간을 가져다주었다. 물론 선택은 언제나 우리 자신의 몫이다.

일은 당신의 삶에 어떤 의미인가? 삶의 의미를 찾아라. 그 의미가 바로 내일을 여는 힘이 될 것이다. 마음속 불안과 절망도 행동으로 치유된다. 이 책을 읽고 있는 당신이 지금 어떤 고민 속에 있든, '자신만의 길'을 걸어가길 진심으로 응원한다. 그것이 결국 나를 살리고, 세상도 살리는 길이 될 것이므로.

명상: 가장 강력한 마음 피트니스

　불과 반세기 전만 해도 운동은 일부 사람의 전유물이었다. 우리나라만의 사정이 아니다. 1960년대 미국 남부, 한 흑인 남성이 대낮에 땀을 뻘뻘 흘리며 뛰어가자 그 모습을 본 백인 주민들이 놀라 경찰에 신고했다. 도망가는 범죄자일지도 모른다고 생각한 것이다. 그러나 그는 베트남전 참전용사였고, 군대에서 익힌 습관대로 조깅을 하고 있었을 뿐이다. 그만큼 과거에는 운동을 하는 일반인이 드물었다.

　하지만 지금은 다르다. 근육을 키우고 건강을 유지하기 위해 피트니스센터에 다니는 것은 상식이 되었다. 유산소 운동으로 심폐지구력을 기르고, 아령이나 덤벨로 근력을 키우며,

스트레칭으로 유연성을 기르는 것이 체계적인 운동법으로 정착했다. 건강한 신체, 멋있는 몸은 노력과 반복 훈련을 통해 누구나 가질 수 있다.

반면 정신건강은 어떤가? 우울, 불안, 번아웃, 공황장애 등 마음의 병은 점점 늘어나는데, 이를 다루는 법은 아직 초보 수준이다. 약물치료에 의존하거나 종교나 철학 혹은 타인의 조언에 기대는 정도다. 아니면 무식한 '극기훈련'이다. 우리는 마음도 체계적으로 훈련할 수 있다는 사실을 잘 모른다.

나는 우울증을 겪으면서 이 질문을 진지하게 던졌다.

'몸에 피트니스가 필요하듯, 마음에도 피트니스가 필요하지 않을까?'

결론은 분명했다. 필요하다. 신체 피트니스에 유산소 운동, 근력 운동, 유연성 운동이 핵심이듯, 마음 피트니스에도 세 가지가 필요하다.

첫째, 스트레스와 감정을 버텨내는 지구력

둘째, 좌절과 불안을 견뎌내는 근력

셋째, 변화하는 감정에 유연하게 대응하는 유연성

마음 피트니스 3대 원칙

요소	효과	예시
지구력	감정 견디기	주의 집중 연습하기
근력	자책과 후회의 루미네이션 막기	멈추고 재선택하기
유연성	생각의 유연성 키우기	불안 떠나보내기

나는 명상을 통해 그 훈련을 시작했다. 처음엔 사소한 스트레스에도 흔들렸지만, 조금씩 마음의 근육이 생기면서 '견디고, 멈추고, 다시 집중하는 힘'을 갖게 되었다. 명상은 내가 발견한 가장 강력한 마음 피트니스였다.

20분의 호흡이 되찾아준 단잠

명상의 첫 체험은 기자 시절, 파키스탄 출장 중 찾아왔다. 1990년대 말, 해외 특파원으로 활동하던 나는 한여름의 이슬라마바드에 도착했다. 낮 기온이 40도를 넘는 열사(熱砂)의 땅. 낯선 환경, 극심한 더위, 피로, 수면 부족이 겹쳐 몸과 마음이 모두 녹아내리고 있었다. 신경은 예민했고, 식욕은 없었고, 가슴은 답답했다. 스트레스가 정점을 찍으면 병이 온다는 걸 본능적으로 알게 됐다.

몸은 분명 피곤한데 밤에도 잠이 오지 않았다. 그때 떠오른 것이 한국에서 읽었던 단전호흡 책이었다. 단전호흡은 기를 느끼며 호흡을 조절해 심신을 안정시키는 한국식 명상법이다. 책을 꺼내 다시 한번 훑어본 뒤 손을 마주하고 눈을 감고 심호흡을 시작했다. 처음엔 온갖 잡생각이 몰려왔지만, 10분쯤 지나자 머리가 맑아지면서 답답하던 가슴이 뚫리기 시작했다. 20분쯤 지나자 긴장이 풀리고 몸이 나른해졌고, 다시 누우니 금세 깊은 잠에 빠졌다.

다음 날 아침, 놀라울 만큼 몸이 가벼웠다. 병이 날 뻔한 위기를 단 20분의 호흡 명상으로 넘긴 것이다. '호흡'이 마음과 몸에 미치는 힘을 실감했다. 그 체험이 기억에 강하게 남아 한국에 돌아와 단전호흡을 3개월간 정식으로 배우기도 했다.

이후 병원을 다니며 우울증과 싸우던 시절, 호흡 수련은 내게 다시 큰 힘이 되었다. 긴장되고 가라앉은 마음을 저녁마다 풀어주는 좋은 친구였다. 그때는 몰랐다. 이것이 내가 명상이라는 세계에 들어서는 첫걸음이었다는 것을.

내 행동이 이상하다, 더 강력한 마음 훈련이 필요하다

파키스탄에서의 단전호흡 체험은 내게 명상의 가능성을 희미하게나마 비춰주었지만, 그때는 그저 일시적인 스트레스 해소법쯤으로 여겼다.

그러다 우울증이라는 깊은 어둠 속에 5년 넘게 살면서 깨달았다. 단순한 스트레스 해소가 아니라, 마음을 더 근본적으로 붙잡아줄 강력한 마음 피트니스가 필요하다는 것을.

우울증이 시작된 때는 2012년, 본격적인 회복을 위해 병원 치료를 받은 건 3개월뿐이었다. 그 후 스스로 불면증을 다스렸고, 약에 의존하지 않고도 일상을 버텨냈다. 신체적으로 참 많이 건강해졌다. 하지만 루미네이션은 습관처럼 불쑥불쑥 찾아왔다. 때로는 트라우마처럼 되살아났고, 절망감이나 자책감도 언제든 튀어나올 태세로 잠복해 있었다. 이 상태를 나도 모르지 않았다. 겉으로는 평온하게 일상을 살아가는 것처럼 보여도, 어떤 계기 하나로 무너질 수도 있는 불안정한 내면 상태였다. 자존감은 흔들렸고, 인생에 대한 확신도 사라졌다. 더 이상 '예전의 나'가 아니었다. 익숙했던 내 모습은 흐릿해졌고, 거울 속에 낯선 내가 있었다.

그 무렵, 내 행동과 말에 미묘한 엇박자가 끼기 시작했다. 겉으로는 예전과 다를 바 없어 보였지만 내면에서는 판단력, 감정 조절, 상황 파악 능력이 눈에 띄게 흐려지고 있었다.

예컨대 진지한 분위기의 회의 자리에서 갑자기 농담을 던졌다. 모두 조용히 고개를 숙이고 있는데 나 혼자 헛웃음을 흘렸다. 반대로, 친근하게 행동해야 할 자리에서는 어색하게 굳어버렸다. 말이 없어야 할 때는 쓸데없이 나섰고, 정중해야 할 때 지나치게 격의 없이 굴었다. 윗사람에게는 거칠게 말하고, 아랫사람에게는 괜히 미안해했다. 그전에는 별로 헷갈린 적 없던 '눈치'와 '상황 감각'이 매우 흔들리고 있었다.

한번은 페이스북에 글을 올렸다. 농담 반, 진담 반이었다. 그런데 그 후 지인 몇 명이 조용히 '언팔'을 했다. 처음엔 눈치채지 못했다. 시간이 지나고 나서야 문득 깨달았다.

'아, 그 농담이 불편하게 느껴졌을 수도 있겠구나.'

하루는 지인에게 평소라면 하지 않을 말을 했다. 나는 친근함의 표시였다고 생각했지만, 상대는 당황한 표정으로 돌아섰다. 내가 넘지 말아야 할 선을 넘었다는 사실을 나중에서야 깨달았다.

그때 내 마음속엔 양극단의 감정이 오갔다.

한쪽에선 '내가 뭘 잘못했나? 왜 다들 나를 피하지?' 하고 섭섭해했고, 다른 쪽에선 '아, 내가 정말 이상해졌구나. 민폐를 끼쳤어…' 하며 자책했다.

이건 단순한 실수가 아니었다. 내가 변한 것이다. 우울증이 내 감정의 뿌리를 흔들고, 인지 기능을 교란하고, 판단을 왜곡하고 있었던 것이다. 겉으론 정상이지만, 속은 무너지고 있었다.

기분이 좋을 땐 과하게 들떴고, 불안할 땐 사소한 일에도 폭발했다. 회의 도중 짜증을 냈고, 식사 자리에서 상대를 과하게 비판했다. 그러다 문득 '내가 왜 이러지?' 하고 자책하는 패턴이 반복됐다.

심지어 지나치게 낮은 자세를 취할 때도 있었다. 별일 아닌데 괜히 미안해하고, 후배들 앞에서도 위축된 모습을 보였다. 단호해야 할 때 흐물흐물했고, 말이 안 되는 상황에서도 아무 말 없이 넘겼다. 자신감이 사라지고 중심이 흔들린 내가 거기 있었다.

이것은 일종의 경미한 조울증적 흐름이 아니었을까. 기분이 좋을 땐 뭐든 할 수 있을 것 같고, 우울할 땐 아무것도 할 수 없을 것 같은 감정의 롤러코스터.

한번은 회사에서 테드(TED) 형식의 인문 강연 사업을 벌이고, 문화콘서트도 추진했다. 사실 언론인 출신이 감당하기엔 무리한 일이었지만, 자신감에 들떠 밀어붙였다. 다행히 회사가 뒷받침을 해주어 큰 탈은 없었지만, 지금 생각하면 냉정한 판단이 아니었다.

반대로 무기력할 땐 일이 전혀 손에 잡히지 않았다. 불안하고 초조했고, 아무 이유 없이 허무했다. 조그마한 일에도 과민 반응을 보였고, 쉽게 분노가 치밀었다. 이때 가장 기억나는 것은 내가 가장 사랑하는 딸에게 함부로 감정을 표출한 일이다. 별일도 아니었는데….

이런 나를 견디기 힘들었던 걸까. 주변 사람들이 하나둘 떠나기 시작했다. 지인들의 연락이 끊겼고, 오래된 친구들과도 서서히 멀어졌다.

'왜 사람들이 나를 떠나는 걸까?'

내가 상황을 잘못 판단하고 있는 건지, 아니면 실제로 그렇게 되고 있는 건지조차 확신할 수 없었다.

이런 경험을 통해 나는 우울증이 단순한 감정 문제가 아니라, 한 인간 전체를 바꿀 수도 있다는 걸 절감했다. 생각, 감정,

판단, 말투, 태도, 관계까지 모든 것을 조금씩, 그러나 확실하게 뒤틀어 놓는다.

혹시 주변에 예전과 달리 말과 행동이 엇박자가 나는 사람, 상황 판단이 흐릿하고, 관계가 어색해진 사람이 있다면 그를 이상하게만 보지 말고 '혹시 마음이 아픈 건 아닐까' 하고 생각해주면 좋겠다. 나도 그런 사람이었으니까.

왜 그랬을까. 계속 솟구치는 루미네이션을 견디기 위해 의도적으로 감정을 차단하는 둔감화를 해왔기 때문일지도 모른다. 또 한편으로는 밑바탕에 깔린 자책과 위축의 감정을 감추기 위해 오히려 자신감을 과장하거나 기분을 억지로 끌어올리려 했기 때문이었던 것도 같다.

그 모든 의도가 내가 아닌 나를 만들어내고 있었다. 이제는 더 이상 마음을 방치할 수 없었다. 단전호흡 정도로는 부족했다. 루미네이션을 근원적으로 다스릴 수 있는 더 깊고 강한 마음 피트니스, '명상'이 필요했다.

명상, 내 마음의 항구가 되다

내가 명상의 위력을 확신하게 된 계기 중 하나는, 뜻밖에도 스티브 잡스였다.

거친 성격과 독단으로 유명한 그가 평생 명상에 몰두한 수행자였다는 사실을 알고 있는가? 그는 '히피들의 천국'이었던 1960년대 샌프란시스코에서 일찌감치 히피 문화에 심취해 마리화나와 LSD에 빠졌다. 그러다 어느 날, 선(禪) 명상을 접한 그는 이렇게 말했다.

"마약보다 더 깊고 선명한 각성과 기쁨이었다."

잡스는 명상의 매력에 사로잡혀 1974년에 대학을 중퇴하고 인도로 '순례자의 길'을 떠났지만, 후진적인 현실에 실망하고 돌아왔다. 대신 그 길에서 그는 '나는 누구인지', '어떻게 살아야 하는지'를 묻고 또 물었다.

미국으로 돌아온 그는 22세에 애플을 창업했다. 세상은 그를 천재라 불렀고, 그는 순식간에 억만장자가 되었다. 하지만 9년 뒤, 그는 자신이 세운 회사에서 쫓겨났다. 독단과 괴팍함 때문이었다. 세상의 조롱 속에 그는 혼자 남겨졌다. 분노, 자책, 회한, 절망이 뒤섞인 하루하루를 보내던 그는 다시 명상으로 돌아갔다.

비어 있는 방에 찻잔 하나, 조명 하나, 스테레오 하나. 그는 그 공간에서 눈을 감고 숨에 집중했다. 과거도, 미래도 없이 오직 지금, 여기에 존재하려 했다. 화산처럼 요동치는 마음을 가라앉힐 유일한 방법이었다.

"마음을 가만히 바라보면, 고요가 찾아온다. 그 안에서 더 미묘한 것을 들을 수 있는 공간이 열린다. 그때 직관이 피어나고, 지금 이 순간이 선명해진다."

잡스는 명상을 통해 무너진 자신을 다시 세웠고, 1년 뒤에 재기에 성공했으며, 12년 뒤엔 애플의 구원자로 화려하게 귀환했다. 그가 얻은 창의력, 통찰력 그리고 무너지지 않는 내면의 힘은 명상으로 길러진 것이다. 그는 누구보다 격렬하게 흔들렸고, 누구보다 깊이 마음을 다스렸다.

나는 그의 이야기에 깊은 공명을 느꼈다. 삶의 차원은 다르지만, '동병상련'이란 말이 떠올랐다. 나도 명상을 해야겠다는 강렬한 열망이 솟구쳤다. 그리고 그것이 우울증 극복의 결정적인 전환점이 되었다.

명상센터에 가기 전에 먼저 책을 읽었다. 대표적인 마음챙김 명상 프로그램인 MBSR(마음챙김 기반 스트레스 완화 프로그램)의 창시자이자 미국 매사추세츠대학교 의과대학 교수인 존 카밧진(Jon Kabat-Zinn)의 책부터 섭렵했다. 《처음 만나는 마음챙김 명상》, 《마음챙김에 대한 108가지 교훈》, 《마음챙김 명상과 자기치유》 등. 특히 《마음챙김 명상과 자기치유》는 호흡법, 자세, 마음의 구조와 스트레스 반응 등 명상에 관한 모든 것을 담은 기념비적인 책이다. 이후 이 프로그램을 우울증 치료에 접목한 MBCT(마음챙김 기반 인지치료)도 접하게 되었다.

옥스퍼드대학교 마음챙김센터장인 마크 윌리엄스(Mark Williams)의 《8주, 나를 비우는 시간》은 우울증 환자를 위한 8주 치료 프로그램을 소개한다. 구글이 세계적인 뇌과학자와 선승들을 모아 만든 감정조절 프로그램을 소개한 《너의 내면을 검색하라》도 많은 통찰을 줬다.

많은 책을 섭렵했지만 정작 명상의 진수를 맛본 순간은 어머니의 임종을 지킬 때였다. 사실 나는 아주 어릴 때 어머니와 헤어진 터라 어머니 품에 안겨 잠든 기억이 없다. 그로부터 60여 년의 세월이 흘러 사경을 헤매는 어머니를 홀로 배웅하는 참으로 '귀중한 시간'을 마주하게 됐다. 그 깊고 복잡한 감정의 시간 속에서 나는 기도와 찬송에 처음으로 명상을 적용하며 마음을 추슬러보았다.

이윽고 마음 깊은 곳에서 평화가 스며드는 느낌을 받았다. 그리고 곧 저세상으로 가시는 어머니의 마음도 평화로울 것 같다는 직감이 들었다.

그 순간이 지금도 또렷하다.

그 후 나는 본격적으로 내 일상에 명상을 들였다. 내가 몸담은 회사를 통해 우리나라의 유명 심리학자들을 초빙해 8주 과정의 명상 프로그램을 도입했고, 나도 강의를 들으며 마음의 운용 기술을 체계적으로 익혀 나갔다. 2019년에는 뇌과학자, 종교인, 문화계 인사들과 함께 '마음 디톡스'라는 이름의 공개 콘퍼런스도 열었다.

개인적으로는 명상의 본고장 인도 리시케시를 방문했고, 2020년에는 전북 진안의 담마코리아위빳사나 명상센터에서 10일간 묵언 수행과 하루 12시간 명상을 경험했다. 말 그대로 마음의 깊이를 통째로 되돌아보는 시간이었다. 고엔카 선생의 가르침에 따라 마음의 원리를 통찰하고, 감정과 집착이 사라지는 무상함을 체험했으며, 나라는 존재가 얼마나 복잡하고도 단순한지를 배웠다.

그때 이후 아침마다 1시간씩 명상하는 루틴이 정착됐다. 명상은 나를 바꿨고, 지금도 바꾸고 있다.

집중 명상과 마음챙김 명상, 어렵지 않게 시작해보기

명상은 방식에 따라 크게 '집중 명상'과 '마음챙김 명상'으로 나뉘는데, 요즘에는 이 두 방식을 적절히 혼합하는 경우가 많다.

먼저 '집중 명상(Samatha)'은 말 그대로 한 가지에 집중해 마음을 멈추는 명상이다.

- 만트라 명상: "나는 괜찮아", "관세음보살" 등 문구나 구절을 반복해 암송하며 집중
- 수식관(호흡 세기): 들숨과 날숨을 세며 마음을 가라앉힘
- 참선 및 화두 명상: '나는 누구인가'와 같은 질문에 의식 집중

'마음챙김 명상(Vipassana)'은 지금 이 순간을 있는 그대로

관찰하는 명상이다.

- 정좌 명상: 호흡 → 감각 → 생각 및 감정으로 주의 초점 이동
- 보디스캔(Body-scan): 누운 자세에서 몸 구석구석을 스캔하듯 주의 집중
- 먹기 명상: 한 입 음식을 오감으로 느끼며 천천히 먹기
- 요가 명상: 동작과 호흡을 느끼며 천천히 움직이기

미국에서는 특히 마음챙김 명상이 조용한 붐을 일으키고 있다. 〈타임〉지가 '마음챙김 혁명'이라 표현할 만큼 명상은 더 이상 일부 종교인의 전유물이 아니다. 스트레스와 번아웃, 불안과 불면에 시달리는 현대인에게 꼭 필요한 마음 훈련법으로 자리 잡았다.

존 카밧진은 불교 명상법인 위빠사나에 현대의학을 접목해 8주간의 '마음챙김 기반 스트레스 완화 프로그램(MBSR)'을 만들었다. 그 핵심은 한마디로 '비판단(Non-judging)'이다. 지금 여기에서 일어나는 감각, 생각, 감정에 대해 판단하거나 반응하지 않고 있는 그대로 알아차리는 훈련이다. '왜 이런 생각이

들지?', '이건 잘못된 거야'라는 식의 자동 반응을 멈추고, 그저 관찰하는 것이다.

시작은 호흡이다. 마음챙김 명상은 생각을 억지로 멈추는 게 아니라, 호흡에 집중함으로써 생각에서 자연스레 벗어나게 하는 것이다. 호흡은 마음의 바로미터다. 불안하면 호흡이 짧고 가빠지고, 평온하면 길고 안정적이 된다. 따라서 숨 쉬는 법을 배우는 것은 단순한 명상 기술이 아니라, 자기 조절의 핵심 기술이기도 하다. 의식적으로 깊고 느리게 호흡하면 교감신경의 흥분이 가라앉고, 부교감신경이 활성화돼 몸과 마음이 이완된다.

마음챙김 명상은 지금도 전 세계 수많은 병원과 학교, 기업에서 시행되고 있다. 명상 마니아층은 넓고 다양하다. 스티브 잡스를 비롯해 오프라 윈프리, 유발 하라리, 마이클 펠프스 등도 평생 명상을 실천했다.

'명상'이라고 하면 흔히 조용한 방이나 좌복 위에서 하는 모습을 떠올리는데, 특정 장소에서만 가능한 것이 아니다. 사무

▶ 명상을 통해 스트레스 풀기(출처: 유튜브 채널 '인문학 브런치')

실, 지하철, 병원 대기실, 회의 직전 등 가만히 앉아 있을 수만 있다면 언제 어디서든 몸을 관찰하는 짧은 명상이 가능하다.

첫째, 몸의 자세를 인식한다.
지금 앉아 있는 자세를 의식해본다. 등을 기대고 있는가? 엉덩이에 무게가 실리는가? 발은 바닥에 닿아 있는가?
무엇을 고치려 하지 말고, '그냥 지금 이대로'의 몸을 느껴본다.

둘째, 감각에 천천히 주의를 옮긴다.
발끝 → 종아리 → 허벅지 → 엉덩이 → 등과 어깨 → 목과 얼굴 순으로 몸의 각 부위가 느끼는 감각에 천천히 '주의'를 기울인다.
무거움, 따뜻함, 뻣뻣함, 가려움, 떨림… 어떤 감각이든 있는 그대로 바라본다. 뚜렷한 감각이 느껴지지 않아도 괜찮다. '지금 감각이 느껴지지 않는구나' 하고 받아들이면 된다.

셋째, 호흡과 함께 몸의 흐름을 따라간다.
숨 쉴 때 배나 가슴이 어떻게 움직이는지 관찰한다. 들이쉴 때 몸이 부풀고, 내쉴 때 가라앉는 리듬을 느껴본다.

그 리듬에 따라 몸 전체가 조용히 '숨 쉬는 존재'임을 인식한다.

넷째, 아무 판단도 하지 말고, 그저 알아차린다.

'이건 좀 아프다', '왜 이렇게 피곤하지?'와 같은 판단이 떠올라도 괜찮다. 그 생각조차 '아, 내가 지금 판단하고 있구나' 하고 알아차리면 된다.

그 순간, 마음은 다시 고요 속으로 돌아온다.

단 2~3분만 해도 충분하다. 출퇴근길에, 점심 식사 후에, 회의 전에 단 몇 분간 몸을 바라보고 숨을 따라가는 짧은 명상은 흔들리는 마음을 지금, 여기에 붙잡아주는 단단한 닻이 되어준다.

말하자면 이것이 보디스캔의 일상 버전이자, 위빠사나 명상의 출발점이다.

▶ 지하철 3분 명상(출처: 유튜브 채널 '마음건강 길')

내 마음을 내가 다룰 수 있게 된다

명상은 내게 호신술이자, 휴양 별장이자, 항구이자, 에너지원이었다. 불안과 루미네이션에 쫓기던 나는 명상을 통해 감정들을 직면하고 받아들이며, 때로는 다스릴 수 있게 되었다. 마음의 주도권을 되찾은 것이다.

60년 넘게 온갖 생각과 감정에 출렁이던 마음이 처음으로 고요함을 맛보았다. 잡념으로 가득 찼던 머릿속이 단순해지고, 비워지는 경험을 했다. 세찬 파도에 휘말린 배가 잠시 항구에 들어와 숨을 고르듯, 명상은 내게 쉴 수 있는 마음의 항구가 되어주었다.

물론 명상이 하루아침에 평화를 안겨주는 것은 아니다. 내 경우에도 6~7년이 지나서야 비로소 마음의 평정과 조절에 대한 작은 자신감이 생겼다. 몸의 근력이 매일의 피트니스로 조금씩 길러지듯, 마음의 근력도 명상이라는 훈련을 통해 보이지 않게 그러나 확실하게 쌓인다.

게다가 명상은 초보자라도 단 2~3분만 호흡에 집중하면 고요와 평정의 세계를 힐끗 엿볼 수 있다. 그리고 그 맛을 한 번 본 사람은 스스로 그 세계를 다시 찾고 싶어지게 된다.

그러니 당신이 '명상'이라는 말을 들었을 때 낯설어하거나, 거부감을 느끼지 않았으면 좋겠다. 사실 나도 그랬기에 드리는 당부다. 명상이라는 것이 처음엔 나와 상관없는 일처럼 느껴졌다. 승려들의 수행법이나 뉴에이지적 신비주의 또는 여성들 중심이던 요가 수업이 먼저 떠올랐던 것이다.

그러나 명상은 종교도, 신비도, 수도승들의 전유물도 아니다. 지금의 우리, 바쁘고 흔들리고 지친 사람들이 마음을 회복하고, 정신력을 단련하는 피트니스다.

여러 차례 말하지만 우울, 불안, 무기력, 감정 조절의 어려움은 약이나 조언만으로 해결되지 않는다. 결국 내 마음을 내가 훈련하는 수밖에 없다. 신체 건강을 위해 피트니스센터에 가듯, 마음 피트니스도 그런 마음으로 시작하자.

'나에게 어떤 도움이 될까?' 하는 호기심,

지루하고 하기 싫을 때도 다시 돌아오는 인내심,

무엇보다 '하면 분명 효과가 있다'라는 믿음.

처음엔 이 세 가지만 있으면 된다.

명상은 고요함을 주고, 생각과 감정에 휘둘리지 않는 내면의 근력을 키워준다. 삶의 패턴을 바꾸고, 마음의 중심을 찾아가게 해준다.

    그리고 어느 순간, 아주 작은 깨달음이 찾아온다.

    '아, 이제 내 마음을 내가 조금은 다룰 수 있게 됐구나.'

    명상은 특별한 사람만 하는 것이 아니다.

    지금, 마음이 흔들리는 당신을 위한 것이다.

초보자를 위한 마음챙김 호흡법

명상을 처음 시작할 때 가장 좋은 출발점은 호흡에 집중하는 것이다.

1. **호흡을 관찰하는 것부터 시작한다.**
   조용한 공간에서 등을 곧게 세우고 편안히 앉는다.
   눈을 완전히 감거나 반쯤 감고, 코끝이나 아랫배 등 숨이 드나드는 지점에 집중한다.
   숨을 들이쉬고 내쉬는 흐름을 억지로 조절하지 말고, 그저 지켜본다.
   '지금 숨을 쉬고 있구나'라는 인식만으로도 마음은 조금씩 가라앉는다.

2. **숫자를 세며 호흡을 따라간다.**
   들이쉴 때 '하나', 내쉴 때 '둘' 하며 열까지 세고 다시 처음으로 돌아간다.
   숫자를 놓치면 다시 '하나'부터 시작한다.
   하루에 2~3분만 해도 생각이 정리되고 마음에 중심이 생긴다.

3. **복식호흡으로 마음과 몸을 이완시킨다.**
   한 손은 가슴에, 다른 손은 아랫배에 얹는다.
   숨을 들이쉴 때 배가 부풀고, 내쉴 때 배가 가라앉는 흐름을 느낀다.
   이때 '숨이 들어온다… 나간다…' 하고 마음속으로 따라가면 집중이 쉬워진다.

 ▶ 초보자를 위한 5분 명상(출처: 유튜브 채널 '마음건강 길')

이 밖에도 마음을 불편하게 하는 특정 순간에 호흡을 통해 안정을 찾을 수 있다.

- **긴장이 심할 때**: 4초간 들이쉬고, 6초간 내쉬는 호흡을 반복한다.
- **불안할 때**: 배에 손을 얹고 배의 움직임을 느끼며 열 번만 깊게 호흡한다.
- **잠이 오지 않을 때**: 내쉬는 숨을 들숨보다 길게 유지한다.
  (예: 4초 들숨 – 7초 멈춤 – 8초 날숨)

호흡이 흐트러지거나 잡생각이 떠오르는 건 자연스러운 일이다. '딴생각을 하고 있었구나' 하고 알아차리는 순간, 명상이 이루어지고 있는 것이다. 그때마다 부드럽게 호흡으로 돌아오면 된다.

영성: 죽음과 삶의 본질을 마주하다

명상을 통해 마음이 차분해지고 삶도 조금씩 자리 잡히자, 내면 깊은 곳에서 본질적인 질문들이 고개를 들기 시작했다.

'나는 누구인가?'

'어떻게 살아야 하는가?'

'무엇을 해야 하는가?'

'죽음 이후에도 나는 존재하는가?'

삶과 죽음, 실존과 사후에 대한 질문들이 불쑥불쑥 올라왔다. 그동안 세상일에 치이고 우울에 눌려 미뤄두었던 질문들이었다. 이런 본질적인 질문은 누구에게나 찾아온다. 특히 인생의 후반부에는 거의 예외가 없다. 그러나 대부분은 불편하다는 이유로 이를 외면한 채 살다 결국 죽음 앞에 도달한다.

영국의 영성철학자 루퍼트 스파이라(Rupert Spira)는 저서 《알아차림에 대한 알아차림》에서 이렇게 말했다.

> 사람들은 절망을 이럭저럭 관리하며 살아간다. 때때로 생로병사의 고통을 인식하지만 대부분 의식적으로 외면한 채, 세속적인 일에 몰두해 보상을 찾는다. 진정한 평온과 행복은 외부가 아닌 내면에서 온다. 그러나 자신이 누구인지 모른 채 살아가는 이들이 대부분이다. 우리가 '나'라고 여기는 이름, 직업, 관계, 감정은 모두 일시적인 것일 뿐, 진짜 나는 아니다.

하물며 나처럼 우울증이 내면에 남아 있는 사람들은 훨씬 더 공허하고 불안할 것이다. 결국 두 가지 선택에 직면하게 된다.

예전처럼 외면하고 덮어버릴 것인가?

아니면 정면으로 직시하고 극복할 것인가?

나는 뒤늦게야 깨달았다. 내가 우울해진 이유는, 삶의 본질적인 질문을 외면하고 회피한 채 살아왔기 때문이었다. 하지만 그것들은 외면한다고 결코 사라지지 않는다. 마음속에 숨어 있다가 어느 날 병이나 감정 폭발, 충동, 탐욕 같은 방식으로 다시 튀어나온다. 그러다 결국 나 자신을 파괴한다.

우울의 터널을 통과하며 내가 얻은 가장 중요한 깨달음은 이것이다. 삶의 기쁨은 물론 고통도 외면해서는 해결되지 않는다. 나의 밝음과 어둠, 강점과 약점을 있는 그대로 바라볼 때 비로소 '나는 누구인가'에 대한 진짜 답에 다가갈 수 있다.

고통은 직면하고 직접 겪어야 해소된다. 나는 우울의 근본 치유 또한 마음의 힘이 조금 회복된 후 '왜 내가 무너졌는가'라는 본질적인 질문과의 정면 대면에서 시작된다고 믿는다. 그 직면이야말로 나를 바꾸고, 삶의 방향을 바로잡는다.

나는 내 안에서 솟아오르는 질문들을 하나씩 마주하고 풀어가기로 했다. 명상은 이를 위한 훌륭한 도구가 되었다. 그리고 그 질문은 현실을 넘어선 차원, 영적인 힘과 초월적인 존재, 신과의 관계에 대한 성찰 속에서 마침내 실마리를 드러내기 시작했다. 존재의 의미, 삶의 이유, 죽음 이후의 여정까지… 그 답을 찾다 보면 우리는 결국 영적 세계를 갈망하게 된다.

삶이 던지는 질문에 답하다 보면 만나는 세계

나는 기독교 신자다. 고등학교 시절부터 교회에 다녔고, 바쁘게 살면서도 교회를 늘 안식처로 여겼다. 하지만 삶이 힘들어질수록 교회가 주는 위로는 점점 희미해졌다. 우울증이 깊어졌을 때 간절히 교회를 찾고 기도원에서 철야기도도 드렸지만, 마음의 평화는 쉽사리 오지 않았다.

돌이켜보면 세 가지 이유가 있었다.

첫째, 나는 모범적인 신자가 아니었다. 젊은 시절 방탕한 적도 있었고, 인간관계에서 감정에 휩쓸릴 때도 많았다. 그렇다고 스스로를 나쁜 사람이라 생각하지는 않는다.

둘째, 내가 배운 기도는 늘 '무언가를 구하는 행위'였다. 처음엔 감사로 시작했지만 결국 내 문제, 내 욕망을 이뤄달라는 간청으로 이어졌다. 명상처럼 고요하고 무위(無爲)적인 상태가 아니라, 끊임없이 말을 하고 생각을 하고 판단하는 유위(有爲)적인 행위였다. 때론 남을 위한 기도조차 '내가 착한 일을 한다'라는 위선처럼 느껴졌다.

셋째, 설교에 거리감을 느꼈다. 목사님의 말씀이 하나님의 뜻이라기보다는 한 인간의 해석처럼 들릴 때가 많았다. 영적인 메시지가 아닌 인간의 논리로, 신의 음성이 아닌 개인의 의견으로 느껴졌다. 공감하기 어려운 내용도 있었다.

물론 이는 전적으로 내 경험에서 비롯된 나의 주관일 뿐이다. 신앙은 고도의 주관적 경험이어서 옳고 그름으로 판단할 영역이 아니다. 그러나 하나는 분명하다. 우울증에 걸린 사람은 내면의 에너지가 약해진 상태이기에, 떠오르는 부정적인 생각을 '신의 뜻'으로 오인하기 쉽다. 자기 비난, 두려움, 루미네이션이 성령의 소리로 둔갑할 위험이 있다. 그래서 무속이나 점술에 빠지거나, 영적 권위자에게 의존하며 조종당하기도 한다. 그것은 치유가 아니라 오히려 더 큰 혼란과 상처로 이어진다.

섣부른 신비주의에 빠지지 않고 우울증에서 벗어나기 위해 다양한 종교인과 대화를 나눴다. 신부, 스님, 목사, 명리학자… 그러자 어느 순간 그들에게서 공통점이 보였다. 영성을 추구하는 방식은 모두 달랐지만 그들은 공통된 지향을 갖고 있었다.

인간의 본성과 절대자에 대한 탐구, 이생에서 선하고 유익하게 살고자 하는 갈망 그리고 죽음 이후 더 나은 차원의 존재로 이어지기를 바라는 마음이 그것이었다.

'카르마'의 관점으로 세상을 보면

영적 세계를 이해하는 데는 명상을 배우면서 알게 된 '카르마'라는 개념이 큰 도움이 됐다. '카르마 법칙'은 간단히 말해 지금 내가 겪고 있는 일은 과거 나의 행동에서 비롯된 것이며, 지금의 내 행동이 미래의 나를 만든다는 것이다.

이 진리는 마치 전기가 번쩍이듯 뇌리에 들어왔다. 지금 내가 겪고 있는 고통도 어쩌면 과거의 내 선택에서 비롯된 결과일 수 있다는 생각. 그 인식은 '수용'과 '책임'이라는 자세로 이어졌다.

카르마는 윤회의 법칙과 맞닿아 있다. 이생뿐 아니라 전생에서 쌓은 업(業)을 이생에서 풀어가는 과정이다. '지금 잘 살아야 다음이 있다'라는 단순하지만 깊은 메시지가 마음에 새겨졌다. 막연히 절대자의 은총에 의존하기보다, 지금 이 순간의 선택과 행동이 내 미래를 만든다는 인과의 질서를 체득하게 된 것이다.

그 연장선에서 '모든 것은 마음이 지어낸 것'이라는 불교의 '일체유심조(一切唯心造)' 사상도 크게 다가왔다. 나의 우울도 내가 낀 '우울'이란 선글라스에서 비롯된 것이 아닐까. 남들이

보기엔 아무렇지 않은 일을 나만 힘들어했던 시간들. 그 어두운 감정에서 벗어나기 위해 명상, 운동, 자연, 일에 몰두해온 것이 아닌가.

그리고 그것이 결국 하나님이 말씀하신 '감사와 사랑'의 삶과 다르지 않음을 깨달았다. 기쁨과 감사의 마음으로 조금씩이라도 사랑을 실천하며 사는 것이 곧 행복이고, 천국으로 가는 길이 아닐까.

죽음을 생각하며 삶을 다시 보다

죽음은 더 이상 먼 이야기가 아니었다. 그즈음 어머니와 장인, 장모가 잇달아 돌아가셨다. 그들과의 작별 이후, 다음은 나일 수도 있다는 생각이 들었다. 어떻게 죽을 것인가. 이는 곧 어떻게 살 것인가의 문제였다.

이때 읽은 책이 하버드대학교 신경외과 전문의 이븐 알렉산더(Eben Alexander)의 사후체험기 《나는 천국을 보았다》였다. 원인을 알 수 없는 뇌막염으로 7일간 뇌사 상태에 빠졌던 그가 천사 같은 존재와 대화를 나누고, 우주의 신성한 근원(신)

을 만났다는 체험담은 과학계에도 큰 파장을 일으켰다.

그는 이렇게 말했다.

"과거엔 영혼이나 천국을 믿지 않았다. 그러나 지금은 확신한다. 죽음은 끝이 아니며, 신과 영혼은 실재한다."

그의 말은 나를 사로잡았다. 뇌가 멈췄는데도 의식은 활동했다. 그렇다면 의식은 뇌 바깥에서도 존재할 수 있다는 뜻이 아닐까?

이런 의문은 나를 영적 탐구로 더 강하게 이끌었다. 죽음이 '종말'이 아니라 '문'이라면, 나는 그 문을 어떻게 통과하고 싶은가.

국내에도 죽음 이후의 세계를 진지하게 연구한 사람들이 있다.

한국의 대표적 죽음학자인 최준식 이화여자대학교 명예교수는 "사람은 죽으면 자기 영적 수준에 맞는 영혼들이 모이는 곳으로 간다"라고 말한다. 천국과 지옥이 아니라, 파동(진동)수가 비슷한 영혼들이 있는 곳으로 간다는 것이다. 착한 영혼은 착한 영혼끼리, 악한 영혼은 악한 영혼끼리.

그는 죽음에 관한 전 세계 문헌과 자료 등을 연구하면서 사후세계의 실재성을 확신하게 되었다. 그가 사후세계에 대한 최고의 책으로 꼽은 엠마누엘 스웨덴보그(Emanuel Swedenborg)의 《나는 영계를 보고 왔다》는 서울대학교 종교학과 성해영 교수의 인생도 바꿨다. 그는 행정고시 수석 합격자로 전도양양한 관료의 길을 걷다가 종교학자로 전향했다.

이런 흐름을 보면 '인과응보'라는 카르마의 법칙은 형벌이 아니라 오히려 성장을 위한 고리처럼 느껴졌다. 선을 쌓으면 선의 세계로, 악을 쌓으면 그에 합당한 세계로 향한다는 가르침은 내생에 대한 공포가 아니라, 이 삶을 어떻게 살아야 할지에 대한 지침이자 통찰이 되었다.

최준식 교수와 고등학교 동기인 정현채 서울대학교 명예교수는 소화기내과 권위자다. 그러나 그는 화려한 경력 이면에 깊은 허무와 자책, 죽음에 대한 불안을 안고 있었다. 그러다 2003년, 아내가 건넨 엘리자베스 퀴블러 로스의 《사후생》을 읽고 본격적으로 죽음을 연구하기 시작했다. 그는 2만 건 이상의 임사체험 자료를 분석한 끝에 '죽음은 막다른 벽이 아니라, 새로운 문이다'라는 확신에 이르렀다.

암을 극복한 후 제주에 내려간 그는 '죽음학 카페'를 운영

하며 사람들과 생각을 나누고 있다. 그는 말한다.

"죽음은 사방이 꽉 막혀 있는 벽이 아니라 다른 세계로 이동하는 문이라는 걸 확신하게 됐죠. 죽음으로 끝나는 게 아니라는 걸 안다면 자살하는 이들이 크게 줄 것이며, 말기암 환자 등 죽음을 앞둔 이들도 불안과 공포를 줄일 수 있으리라 생각합니다."

그는 죽음을 피하지 않고 마주보고 공부하면서 오히려 마음이 맑아지고 편안해졌으며, 현생에 더욱 의욕과 희망을 느끼고 산다고 했다.

"눈에 보이지 않는 세계가 있다는 것을 알게 되면 삶에도 큰 변화가 찾아옵니다. 재물이나 출세, 자식의 성적에 연연하는 지상의 시선을 거두어 삶의 진정한 의미로 향하게 만드는 계기가 될 수 있죠."

얼마 전까지만 해도 사후세계나 내세에 관한 이야기를 하면 초자연적인 현상에 기대다가 이성적인 판단이 흐려진다고 생각하는 사람이 많았다. 그러나 지금은 전생에 관한 책이 베스트셀러에 오를 정도로 사람들의 인식이 달라졌다.

일례로《나는 보았습니다》를 쓴 전생 연구자 박진여 씨는 무속이나 점술이 아닌, 파동 명상을 통해 전생 정보를 읽는다. 상대방의 뇌 속에 감춰진 전생에 대한 정보를 30초~1분 정도의 아주 짧은 시간에 읽어내는 것이다. 그녀는 "사람은 여러 생을 거쳐 카르마를 해소하러 이생에 태어난다"라고 말한다. 현재의 고통이 어떤 업(業)과 연결되어 있는지 그녀의 설명을 들으니 이상하게도 내 마음이 편해졌다. "모든 일엔 이유가 있다. 지금 겪는 고통도 그렇다"라는 말이 단순한 위로가 아닌, 나를 정면으로 마주보게 하는 거울 같았다.

육체 너머의 세계를 탐구하는 이들을 만나며 나는 점차 믿게 되었다.
영혼은 존재하고, 사후세계도 있을 수 있다는 것을.
우리가 지금 이 삶을 어떻게 사느냐가 이후의 삶과도 연결된다는 것을.
그 믿음은 죽음에 대한 막연한 두려움을 조금씩 걷어냈다.
그리고 동시에, 지금 이 삶을 더욱 바르게 살아야겠다고 다짐하게 만들었다.

종교적이지 않아도 영성을 추구할 수 있다

권위주의 시대가 지나고 21세기 정보화 시대가 되면서 탈종교 바람도 거세다. 기존 종교의 시각에서 벗어나 영적 세계를 바라보려는 사람도 늘고 있다. 우리나라만이 아니라 전 세계적인 현상이다. 이른바 SBNR(Spiritual But Not Religious, 영적이지만 종교적이지는 않은). 그중 대표적인 두 사람을 소개하고자 한다. 그들은 내가 우울증을 극복하는 데 큰 영향을 주었다.

미국의 정신과 의사이자 영성가인 데이비드 호킨스(David Roman Hawkins)는 감정의 에너지 수준을 수치화했다. 그에 따르면 200 이하의 감정(수치심, 죄책감, 두려움 등)은 인간을 병들게 하고, 200 이상의 감정(용기, 사랑, 기쁨 등)은 인간을 회복시킨다.

나는 내 마음이 어디에 자주 머무는지 살폈다. 우울이 깊을수록 내 마음은 수치심과 죄책감의 늪에서 허우적거렸다. 거기서 빠져나오기 위해 의식적으로 200 이상의 감정 상태에 머무르려고 노력했다. 감정은 흘러가기 마련이지만, 어떤 감정에 오래 머무르는 것이 좋은지 다음의 표가 답을 준다. 그리

의식 수준	의식 상태	감정 상태
700~1,000	깨달음(Enlightenment)	순수의식, 언어 이전
600	평화(peace)	지복, 축복, 빛, 하나 됨
540	기쁨(Joy)	감사, 고요함, 완벽함
500	사랑(Love)	경외, 존경, 행복, 친절
400	이성(Reason)	이해, 현명, 통찰
350	포용(Acceptance)	용서, 너그러움, 조화, 책임감
310	자발성(Willingness)	낙관, 희망, 적극, 우호
250	중용(Neutrality)	신뢰, 유연함, 만족, 자유
200	용기(Courage)	긍정, 하면 된다, 의욕
175	자존심(Pride)	경멸, 자만, 우월감, 자부심
150	분노(Anger)	미움, 적대, 복수심, 공격적
125	욕망(Desire)	갈망, 탐욕, 집착, 실망
100	두려움(Fear)	근심, 불안, 긴장, 의심
75	슬픔(Grief)	후회, 낙담, 비탄, 외로움
50	무기력(Apathy)	절망, 무감정, 희망 없음, 포기
30	죄책감(Guilt)	비난, 자책, 후회, 분개
20	수치심(Shame)	굴욕, 비참, 멸시, 잔인

참고자료 | 데이비드 호킨스, 《의식 혁명》(판미동) 외

고 그것이 곧 나의 삶을 결정짓는다.

미국의 영성학자 웨인 다이어(Wayne Dyer)는 세계적으로 존경받는 심리학자이자, 영적 멘토이자, 베스트셀러 작가다. SBNR을 대표하는 학자답게 그는 실용적인 영성을 알려준다. 힘든 일에 부딪힐 때마다 다음 다섯 가지 방법으로 내면의 힘을 끌어올리라는 것이다.

- 심호흡으로 마음 가라앉히기
- '나는 괜찮다'라는 자기 긍정
- 간절히 기도하거나 상상하기
- 믿고 결과 내려놓기
- 감사의 감정 반복하기

단순하지만 강력한 방법이자 삶의 자세다. 이대로 매일 실천해보니 처음엔 어색했지만, 차츰 마음의 근력과 평정심이 커졌다.

비로소 제자리를 찾는 삶

영성에 눈뜨고부터 루미네이션이 확연히 줄었다. 마음이 힘들어질 때도 어두운 감정과 생각의 터널에서 빠져나오는 속도가 확실히 빨라졌다.

영적 세계에 대해 내가 얻은 네 가지 생각은 이렇다.

첫째, 신이나 창조주, 어떤 절대적인 존재는 분명히 존재한다. 그것이 인격적인 신이든, 에너지든, 우주의 질서든 간에 말이다. 그 존재는 인간을 겸손하게 한다.

둘째, 인간은 육체 너머의 존재다. 영혼은 지속되고, 죽음은 끝이 아닌 통과점이다.

셋째, 사후세계는 존재한다. 그것이 하늘나라든, 윤회든 혹은 파장이 비슷한 영혼들이 모이는 곳이든. 형태는 다양할 수 있지만, 의식의 흐름은 이어진다.

넷째, 그렇기에 이생에서 잘 살아야 한다. 모든 종교는 사랑, 감사, 긍정 같은 덕목을 삶의 힘으로 보았고, 두려움, 분노, 탐욕은 인간을 파멸로 이끄는 요소로 보았다.

보이지 않는 힘에 대한 경외와 함께, 내 삶의 태도도 달라졌다. 무엇보다 '제대로 잘 살아야겠다'라는 생각이 선명해졌다. 아등바등하지 않아도 된다. 우주적인 흐름에 어긋나지 않게, 겸손하게 그리고 성실하게 존재하는 것. 그것이면 족하다.

나는 이제 교회에 가서도 더 이상 설교의 옳고 그름을 따지지 않는다. 그 시간은 오로지 '신과 만나는 시간'이면 족하다. 기도 역시 더는 무언가를 요구하지 않는다. 그저 신이 내게 주시는 메시지를 고요히 듣고자 할 뿐이다.

웨인 다이어는 "지금 이 순간 어떤 마음을 갖는지가 미래를 만든다"라고 했다. 이제 나는 그렇게 믿는다.

매일 감사하며, 가능한 한 자주 명상하며 살아가는 것.

그것이 내게 주어진 지금, 여기를 가장 온전하게 사는 길이다.

삶의 목표도, 죽음의 두려움도, 그 속에서 점차 제자리를 찾아간다.

심리학: 퍼즐을 맞춰보다

인간을 포함한 모든 유기체는 좋은 것에 다가가고, 싫은 것은 피하려는 '접근-회피(approach-avoid)' 본능을 가지고 있다. 적을 만났을 때 만만하면 싸우고, 벅차면 줄행랑치는 '투쟁-도피 반응'과도 닮았다. 이런 본능은 자신과 개체를 보호해주고 생존케 해준다.

하지만 인생에서 마주하는 심리적인 고통은 그저 회피하거나 도망친다고 해결되지 않는다. 특히 불안이나 자책, 우울 같은 심리의 역동성과 씨름할 때는 오히려 가까이 접근해보려고 시도하거나, 최소한 직면할 줄 알아야 한다.

나는 매우 불안하고 두렵고 수치스럽기도 하지만 온전하게

'있는 그대로의 나', '진정한 내 모습'을 알고 싶었다. 그래서 나는 숨기기보다 개방을 택했다. 내 약함을 인정하고, 드러내고, 기록하며, 이를 함께 이야기하고 연구해보기로 결심했다. 그것이 내가 심리학을 공부하기로 한 이유였다.

—2022년 일기 중에서

마음의 힘을 회복하고 자신을 돌아보는 시간을 조금씩 가지면서 내면의 문제와 정면 대결하고 싶은 바람이 생겼다. 내면 깊은 곳까지 제대로 파고들어, 뿌리부터 해결해보고 싶었던 것이다.

명상 치유가들은 "내면의 문제를 굳이 해결하려 들지 말고, 떠오르는 생각과 감정, 판단도 붙잡지 말고 흘려버리고 지금 이 순간에 집중하라"라고 강조한다. 그러다 보면 내면의 텅 빈 마음에서 좋은 본성이 나와 자연스럽게 문제를 치유한다는 것이다.

반면 심리학자들은 "무의식에 깊이 묻어둔 상처나 불안을 끄집어내, 그 실체를 정확히 마주 보고 해결해야 한다"라고 말한다. 심리적인 억압 상태로 그대로 가라앉혀 놓으면 그 불안과 트라우마가 더 뿌리 깊게 박힌다는 것이다.

하나는 건드리지 말라고 하고, 다른 하나는 부딪치라고 한다. 처음엔 두 관점이 상반된 것처럼 보였다. 그런데 곰곰이 생각해보니, 이 둘은 어쩌면 병을 다루는 두 가지 의학적 방식처럼 상호보완적일 수 있겠다 싶었다. 한의학이 인체 전체의 균형과 기(氣)의 조화를 중시한다면, 서양의학은 질병의 직접 원인을 분석하고 제거하는 식이다. 명상은 망원경으로 몸과 마음을 넓게 품어 '흐름'을 잡아주는 접근이고, 심리학은 현미경으로 마음속 구조를 '해부'해보는 접근이라고도 할 수 있다.

다행히 나는 운동, 자연, 일, 명상, 영성 등 여러 가지를 시도해보면서 마음의 기초 체력을 조금은 다져둔 상태였다. 그래서 이제야말로 심리학이라는 현미경을 들고, 내 안의 퍼즐 조각을 맞춰볼 수 있겠다고 생각하게 되었다.

'보다 근본적인 심리재활치료를 해보자. 내가 누구이며, 왜 이런 마음 습관과 행동을 반복하는지 명확히 알고 싶다.'

나의 약점: 불안, 분노, 자책

인생에서 나를 가장 힘들게 한 것은 불안과 분노 그리고 자책이었다. 자주 불안했고, 자주 성냈으며, 자주 나를 탓했다. 그리 소심하거나 성격이 나쁜 것도 아닌데 말이다. 손해도 컸다. 늘 불편한 감정 속에 살아가니 인생이 즐겁지 않았고, 몇몇 지인과 결별하는 계기가 되기도 했다.

도대체 왜 그럴까. 이것을 극복하지 않으면 내 인격적 성숙이나 행복은 찾아오지 않을 것이다. 20년 넘게 기자 생활을 비교적 잘 수행하다 돌연 신문사를 나와 '마이웨이'를 가게 된 것도 주된 목적은 불편한 나를 벗어나 진정한 나를 찾기 위해서였다.

외형적으로 나는 사교적이고 활발하며 친근한 인상의 소유자다. 그러나 속으로는 원하는 대로 일이 진행되지 않을까 봐 조바심이 났고 조급했으며, 그것은 곧 신경질, 짜증, 화, 분노로 이어졌다. 불안은 분노가 되고, 분노는 다시 새 불안을 야기했다. 내 의식의 한편에는 항상 희망, 긍정, 화합의 정신이 존재했지만, 다른 한편에선 불안과 분노, 부정, 미움이 끊임없이 꿈틀거렸다. 마치 지킬 박사와 하이드처럼 상반된 두 모습이 번갈아 나왔다. 그때마다 사람들은 나의 인격을 의심했고, 나 또한 심한 자책감에 사로잡히곤 했다.

기자 시절, 내가 옳다고 생각되면 선배들에게도 가감 없이 의견을 말했고, 때로는 거칠게 항의하기도 했다. 그들이 겉으로는 받아주는 척했어도 속으론 좋지 않은 감정을 갖지 않았을까 싶다. 나 역시 마음 한 켠이 편치 않았다. 후배들에게도 틀린 점을 직설적으로 지적하거나 질책하고는 괜히 미안해져 밥이나 술을 사곤 했다. 돌아보면 조금 더 유연한 처세가 가능했을 텐데, 내 딴에는 원칙을 지키는 것이 옳다고 믿어 갈등이 잦았다. 그리고 그 갈등은 번번이 큰 스트레스로 돌아왔다.

이런 나의 심리를 연구하기 위해 사이버대학교 상담심리학 과정에 편입했다. 2023년 무렵이었다. 낮에는 회사에 나가 업무를 봐야 했으니, 주로 저녁에 집에 돌아와 인터넷으로 강의를 듣거나 주말에 집중 수강했다. 회사 일을 하면서도 시험 기간이 다가오면 한 달 전부터 준비하며 정말 바쁘게 지냈다. 예전에 대학에 다닐 때는 '땡땡이'를 치기도 하며 대충 했는데, 이때만큼은 진심으로 정성껏 공부했다. 심리학개론, 성격심리학, 발달심리학, 사회심리학, 학습심리학, 인지행동상담, 인간중심상담 등을 차례대로 수강하면서 나의 심리를 본격적으로 탐구했다.

나의 어린 시절: 불안과 콤플렉스

나는 태어난 지 14개월 만에 아버지를 갑작스런 사고로 여의었다. 당시 아버지는 고작 서른, 어머니는 스물다섯의 인텔리 신여성이었다. 큰아들을 전쟁에 잃고 둘째 아들이던 내 아버지마저 그렇게 떠나버렸으니, 조부모님의 마음은 감히 짐작조차 하기 힘들 정도였으리라. 그분들은 손자인 나만큼은 안전하게 키워야 한다는 일념으로 극진히 보살펴주셨다. 그러나 그 사랑이 때론 과잉보호로 이어졌고, 결국엔 집 안에 꽁꽁 묶이는 신세가 됐다. 형제자매도 없고 어머니는 재가하신 터라, 이웃집 아이들이 부모의 손을 잡고 이곳저곳 놀러 다닐 때 나는 집에서 멀뚱히 창밖만 바라보곤 했다.

그때 내 머릿속에 자리 잡은 감정은 '나는 왜 혼자야? 내가 뭐가 잘못했나?' 같은 막연한 죄책감과 불안이었다. 혼자 있다 보니 '누군가가 갑자기 사라져버리는 상황'에 대한 분리 불안이 더 커졌을 것이다. 어렸을 적부터 늘 불안, 고독, 죽음 같은 묵직한 단어가 마음속에 자리했던 이유도 다르지 않을 것이다.

다행스럽게도 경제적으로는 큰 곤란이 없었고, 조부모님

의 사랑이 각별했기에 학대나 소외 같은 괴로움도 겪지 않았다. 오히려 다른 친구들보다 상대적으로 안온한 환경에서 성장했다. 하지만 어른들의 지나친 보호 아래, 자유롭게 뛰놀고 사회성을 기를 기회가 거의 없었다. 내 마음 한 귀퉁이에 '운동이나 놀이, 성격, 사회성이 떨어진다'라는 생각이 자리 잡은 건 그런 배경에서 비롯된 콤플렉스이자 잘못 형성된 스키마(schema, 도식적 사고)였다.

정신분석의 창시자인 지그문트 프로이트(Sigmund Freud)는 어린 시절의 경험, 특히 유아기에 겪은 어머니와의 분리불안을 심각한 심리 갈등의 뿌리로 보았다. 또한 그 유명한 '오이디푸스 콤플렉스(Oedipus Complex)' 이론을 통해 유아기(남근기, 3~5세)에 남자아이가 아버지를 미워하고 성적으로 어머니를 좋아한다는 이론을 내세웠다.

그런데 내 경우 분리불안은 어느 정도 해당했지만 오이디푸스 콤플렉스는 적용되지 않았다. 애초에 난 아버지를 기억조차 하지 못했고, 어머니와도 떨어져 살았기 때문이다. 어쩌면 '아버지를 미워하거나 넘어서고 싶다'가 아니라, '아버지를 그리워하고 이상화하는' 마음이 더 컸을지도 모른다. 다만 '어린 시절 생긴 분리불안이 어른이 되어도 무의식 속에서 작동한다'라는 그의 이론은 내게 그대로 들어맞았다.

프로이트가 생의 추동력을 오이디푸스 콤플렉스에서 비롯된 성적 본능으로 강조했다면, 그의 제자인 알프레드 아들러(Alfred Adler)는 '열등감 콤플렉스(Inferiority Complex)' 이론을 내세웠다.

학습심리학에 따르면 어린이들은 부모 외에 형제자매나 또래 아이들과 싸우고 어울리며 사회성을 익힌다. 무엇을 양보하고 무엇을 지켜야 하는지부터 주변 눈치 보기와 싸우는 법까지. 하지만 나는 이런 경험이 턱없이 부족했다. 나의 사회성은 초등학교에 들어가서야 조금씩 개발되기 시작했다. 놀이나 운동은 현저히 뒤떨어졌지만, 공부에서 두각을 나타내면서부터였다. 읽기, 쓰기, 외우기, 발표하기 등에서 앞서가면서 내 콤플렉스는 겉으로 드러나지 않고 내재화되기 시작했다.

아들러는 열등감이야말로 행동의 동기이자 창조성의 원천이라고 했다. 그는 사람이 열등감을 느낌으로써 숙련, 우월, 완전을 추구하게 되며, 권력 의지도 열등감의 또 다른 모습이라고 주장했다. 바로 나에게 해당되는 이론이었다.

가면 뒤의 '그림자'를 무시한 대가

중학생이 되고 사춘기에 접어들면서 나의 자아는 일탈 행동이나 힘에 대한 동경으로 바뀌었다. 자연스레 학교 공부는 등한시했고, 이른바 '노는 친구'들과 어울려 다녔다.

대학에 들어가서도 몇몇 사람과만 친했을 뿐, 대학 생활에 잘 적응하지 못했다. 늘 이런저런 생각으로 산만했으며, 이미 루미네이션은 하나의 정신 습관이 되어버렸다. 그렇다고 나 자신을 진지하게 대면하지도 않았다. 진정한 나를 회피하면서 할 일을 계속 미루다 보니 자신감은 쪼그라들고, 마음속 억압은 커져만 갔다. 대학 3학년 때 결국 신경쇠약 증세로 당시에는 흔치 않았던 정신과 의원을 찾아가 약물치료를 받았다.

성격심리학에 따르면 현실적이든 심리적이든 문제에 부딪히면 하나하나 해결해 나가는 것이 최선의 방법이다. 상황이 여의치 않아 회피 또는 포기하거나 우회할 수도 있지만, 이것이 일상화되면 안 된다. 거기서 생기는 스트레스, 심리적 압박감이 계속 쌓이면 내면에 축적돼 결국 터져 버릴 수도 있다.

성인이 되고 사회에 나가서는 나름대로 자신감과 소신을

가지고 능력을 발휘했다고 생각한다. 주변의 이목을 받으며 각계각층 사람들과도 교류했다. 그러나 여전히 불안했고, 자신을 믿지 못했다. 사람들이 나를 얕잡아볼 거라는 지레짐작에 강한 척도 많이 했고, 나의 협량한 마음을 알아채지 못하도록 넓은 척도 했다. 내게는 긍정적인 모습, 예컨대 의욕과 열정, 솔직, 정직, 친화력, 배짱도 많은데, 나에 대한 부정적인 인식이 내면의 주도권을 꽉 쥐고 있었다.

심리학 공부는 내가 어떤 사람인지 아는 데 큰 도움을 주었다. 그중에서도 내 성격과 무의식 세계를 이해하는 데는 정신분석학 계보에서 지그문트 프로이트와 알프레드 아들러를 이은 카를 구스타프 융의 분석심리학이 큰 통찰을 주었다.

"인간은 누구나 페르소나(Persona)라는 가면, 즉 사회에 보여주는 얼굴을 쓰고 살며, 그 뒤편에는 그림자(Shadow)라는 '숨은 자아'가 있다."

나는 사교적이고 밝아 보이는 페르소나를 평생 유지해왔다. 사회생활을 하려면 그래야 성공할 수 있다고 믿었기 때문이다. 하지만 사실은 혼자 생각하고, 조용히 사색하고, 골똘히 무언가를 곱씹는 내향적인 면도 있다. 그 내향적인 자아가 충분히 인정받지 못하니, 그 사이에서 갈등과 스트레스가 쌓인 것이다.

'밝고 긍정적이고 솔직하게 살려고 애썼는데, 왜 늘 마음이 불편하고 불안하지?'

그 이유를 카를 융 덕분에 알게 됐다. 나는 내 '그림자'를 무시했고, 거기서 분노와 루미네이션이 솟구쳤던 것이다.

이런 깨달음은 내 안에 존재하는 고요함과 사색력을 인정해줘야겠다는 마음가짐으로 이어졌다. 즉 부단히 떠들고 뛰어다닐 필요가 없다는 것. 내향성은 부끄러운 결함이 아니라 '나'라는 존재의 절반이자 소중한 일부라는 사실을 늦게나마 받아들인 것이다.

심리재활치료: 행동과 사고의 미세 교정

나는 학창시절에 축구를 하다 왼쪽 종아리뼈가 부러지는 바람에 두 다리 근육의 균형이 맞지 않게 되었다. 중년에 접어들어 열심히 조깅을 하다가 무릎관절에 무리가 왔고, 퇴행성 관절염 진단을 받았다. 연골을 싹 정리하는 수술을 권한 의사도 있었지만, 나는 재활치료를 선택했다. 꾸준한 근력 운동과 자세 교정, 마사지로 시간을 두고 '정상에 가깝게' 회복한 후 다시 달리기를 할 수 있게 되었다.

심리재활치료(Psychology Rehabilitaion Therapy)도 이와 크게 다르지 않다. 우울증을 비롯한 심리적인 문제도 뇌와 신경회로라는 하드웨어를 '땜빵' 치료하는 약물만으로는 완벽히 해결되지 않는다. 물론 약물이 필요할 때가 있지만 그와 더불어 우리의 생각, 감정, 행동 습관을 미세하게, 꾸준히 교정하는 작업이 반드시 필요하다. 그러다 보면 어느새 내 무릎이 조금씩 강해진 것처럼, 마음의 근육도 점차 단단해진다.

카를 융의 성격 이론을 기반으로 발전한 MBTI 검사가 젊은층을 중심으로 대유행이다. MBTI는 개인의 성향을 외향성(E)-내향성(I), 감각(S)-직관(I), 사고(T)-감정(F), 판단(J)-인식(P)으로 나누고, 이 네 가지 조합을 통해 성격을 파악하는 것이다.

사실 사람을 16가지 성격으로 구분한 MBTI 일반 검사는 지나치게 단순한 면이 있다. 인간의 성격은 그보다 훨씬 더 복잡하다. 내 안에도 여러 성격이 포진해 있다. 그럼에도 MBTI를 찬찬히 분석하면서 내 성격을 나조차 제대로 파악하지 못했다는 사실을 확연히 느낄 수 있었다.

검사를 해보니, 나는 E(외향)와 I(내향)가 5대 5쯤 섞인 사람이었다. 그런데 평생 E(외향) 쪽으로만 몰아붙이고 살았으니, 내향적인 자아가 소외되었다는 자각이 생겼다. 또한 S(감각)보단 N(직관)이 강해 앞뒤 재지 않고 휙 결정하는 경향이 많았고, 그게 내 삶에서 잦은 갈등을 불러왔다. T(사고)와 F(감정), J(판단)와 P(인식)도 각각 내 안에서 동시다발로 작동했는데, 이를 제대로 조화시키지 못하면 순간순간 불안과 분노가 튀어나왔다.

이 모든 통찰을 토대로 내 성격에 맞는 행동 습관 리스트를 새로 짰다. 핵심은 외향적인 관심이나 활동보다 내면의 세계에 좀 더 충실하자는 것이다. 구체적인 행동 습관으로는 예를 들어 이런 것이 있다.

- 말을 적게 하고, 더 많이 경청하기
- 혼자만의 시간을 확보해 내향성 존중하기
- 직관도 좋지만, 때로는 디테일을 살피기
- 과잉 분노가 올라올 땐 즉시 호흡을 조절하고 한 박자 쉰 다음 말하기

별것 아니지만 생활에 적용하니 마음이 편안해지는 것이 느껴졌다. 우울증과 루미네이션도 한결 누그러졌다.

행동심리학을 토대로 한 인지행동치료

마음의 근육을 강화하는 데는 반복 훈련이 최고다. 잘못된 습관을 고치는 것도 마찬가지다. 정확하게 고칠 것을 발견하고 훈련을 통해 정밀타격하는 것이다. 마치 야구에서 투수나 강타자가 정교하게 폼을 고쳐가듯이 말이다.

성격 교정에는 행동심리학이 제격이다. 흔히 '파블로프의 개' 실험을 떠올리는 행동심리학은 사람의 잘못된 행동이나 반응을 교정하거나 바람직한 행동이나 반응을 학습시키는 데 매우 유효하다. 이를 기반으로 인간의 사고(인지)와 행동을 변화시켜 감정과 정신건강에 긍정적인 영향을 미치는 인지행동치료가 발전했다.

대표적인 우울증 인지행동치료가 앞서 설명한 '긍정적인 사고'다. 온통 부정적인 생각의 반추(루미네이션)로 점령당한 신경회로와 그로 인해 황폐해진 심신에, 정반대로 긍정적인 생각과 감정을 인위적으로 주입하는 '역(逆) 루미네이션'이 골자다. 좋은 생각을 반복하면 좋은 감정이 생겨나고, 이것이 신경계를 이완시키고 긍정적인 신경전달물질을 활성화함으로써 몸 전체가 긍정 모드로 전환되는 원리다.

나는 우울증 치료 초기부터 긍정적인 생각과 감정을 유도하는 글쓰기와 생각을 의식적으로 해왔다. 그러다 심리학을 공부하면서 아주 적극적으로 '긍정적인 사고 훈련'을 시작했다. 몇 가지 예를 들어보도록 하겠다.

감사하기

아침에 일어나거나 버스를 기다리거나 시간이 남을 때 고마운 일을 찾아 감사하게 생각한다. 아침에 멀쩡하게 일어난 것도 감사하고, 아내가 차려준 밥을 잘 먹고 나온 것도 감사하다. 잠자리에 들기 전에는 하루를 돌아보고 10가지 고마운 점을 찾아 감사한다. 서울성모병원 정신건강의학과 채정호 교수는 20년 넘게 매일 'ABC 일기수첩'을 쓰고 있으며, 환자들에게도 권유한다.

- A(appreciation, 감사): 매일 감사할 일 다섯 가지

- B(better & better, 더 좋은): 과거보다 나아진 점 한 가지
- C(care & connection, 배려와 연결): 타인을 배려한 일 세 가지

긍정 확언

나는 틈만 나면 "참 고마운 일이야", "나는 참 행복해", "난 참 풍족해", "괜찮아, 다 잘될 거야"라고 말한다. 특정 생각을 하는 게 아니라 유행가를 흥얼거리듯 그냥 읊조린다. 이는 일본의 성공한 사업가이자 베스트셀러 작가인 사이토 히토리가 제시한 방법이다.

그에 따르면 말도 주파수와 에너지가 있어서 긍정적인 말은 긍정적인 기운을, 부정적인 말은 부정적인 기운을 끌어온다. 과학적인 근거는 모르겠지만, 경험상 긍정적인 말을 무심코 읊조리다 보면 기분이 조금씩 좋아지고 밝아졌다.

긍정 상상

아침에 명상할 때 나의 긍정적인 미래를 떠올리고 상상해 보는 훈련을 곁들였다. 생각의 힘은 엄청나다. 뇌의 신경가소성 원리대로, 머리와 마음은 반복 학습에 의해 놀랍도록 바뀐다. 그런 생각이 마음과 몸에 희망과 에너지를 불어넣어 준다.

이 방법들은 스포츠심리학에 적용돼 운동선수들의 자기 대화(Self-talk), 자기 긍정 확언(Self-affirmation) 그리고 심적 시현(Mental Rehearsal)이라는 멘탈 트레이닝의 대표적인 기법이 됐다. 2024 파리 올림픽에서 대회를 석권한 우리나라 양궁선수들과 사격선수들은 이런 긍정심리 훈련의 달인들이다.

긍정회로를 만드는 심리상담

미국 등 서구에는 전문 심리상담가가 많다. 우울증 등 신경질환자들은 병원 정신과에서 처방한 약을 복용하면서도 한편으로 정신과 의사나 심리상담가들과 정기적으로 면담하며 자신의 병력을 역추적하고 심리 치유를 한다. 신경질환의 근원이 유전적이거나 뇌, 신경회로에서 비롯된 것이 아니라면 어쩌면 근원적인 치료일 수도 있다.

우리나라에서 꽤 인기 있는 '인지행동상담'은 문답식 방법을 통해 그 사람의 잘못된 사고를 교정해 치료한다. 상담 과정을 통해 평소 갖고 있던 비합리적인 신념이나 잘못된 생각 등을 스스로 깨닫게 해 건강하게 치유케 하는 것이다. 우리나라에서는 문제의 핵심으로 바로 들어가 해결을 도모하는 '속전속결'식 상담과 치료자의 '족집게'식 해결책이 선호되는 편이다. 이때 많이 드러나는 비합리적 사고 패턴은 다음 네 가지다.

- 당위적 사고: "나는 꼭 성공해야 해", "아내는 남편에게 순종적이어야 해", "내 자식은 꼭 일류대에 가야 해."
- 과장적 사고: "퇴직하고 나니 앞날이 끔찍하군", "아내는 나를 사람 취급하지 않아", "녀석, 저래서 대학이나 가겠어?"
- 인간비하적 사고: "난 실패한 인간이야", "내 아내는 인성이 덜 됐어", "내 자식이지만 싹수가 노래."
- 낮은 인내성: "내가 이런 취급을 받다니 참을 수 없어", "아내를 더 이상 용서할 수 없어", "그런 행동은 절대 용납할 수 없어."

이는 일상에서 누구나 할 수 있는 생각이다. 문제는 이것이 반복돼 습관이 되고, 신념화돼 자동반사적으로 나오는 경우다. 이렇게 되면 사사건건 자신 및 타인과 부딪칠 수밖에 없고, 이 과정에서 신경증으로 악화될 수도 있다.

나를 가만히 살펴보면 이런 생각들이 적지 않았다. 어떤 일이 내가 바란 대로 되지 않으면 불안해하고 조급해하는 것은 어린 시절부터 형성된 불안회로의 작용이기도 하지만, 당위적·과장적 사고방식도 한몫했다. 또한 내가 분노나 짜증을 자주 내는 것은 인간비하적인 사고와 낮은 인내심의 합작품이기도 했다. 내면에 자존감과 자신감이 있으면 웬만한 모욕이나 나쁜 상황에도 전혀 흔들리지 않는다.

심리상담은 이런 잘못된 사고 습관을 밝혀내고 극복하게끔 도와준다. 스스로 문제를 자각하고, 직면하고, 깨달음으로 연결되면서 의식적인 노력을 통해 '수용 → 개방 → 유연성' 과정을 거쳐 고쳐가는 것이다.

이런 인지행동치료는 청소년이나 비교적 경증 환자에게 적합하다. 어린 시절 학대당하며 자란 사람이나 성인이 되어 마음의 상처를 크게 입은 사람들의 경우에는 효과가 크지 않다. 그들에게는 상한 감정과 정서를 어루만져 치유케 하는 '인간중심상담(Person-Centered Therapy, PCT)'이 필요하다. 이는 칼 로저스(Carl Rogers)가 제창한 상담 기법으로, 상담자의 지시보다 내담자의 자발성을 끌어내는 데 중점을 둔다. 무조건적 긍정적

존중, 공감적 이해를 제공해 안전한 울타리를 만든 뒤, 내담자가 스스로 마음속 상처를 표현하고 해소하도록 유도한다. 예를 들어 수십 년간 고된 시집살이로 마음에 큰 상처를 입은 중년 여성의 하소연이나 호소를 그대로 들어줌으로써 스스로 마음속 응어리를 해소하고 자율적으로 극복하도록 하는 것이다. 누구에게나 있는 이런 정서적인 응어리를 풀어주는 정서치료라 할 수 있다.

'실존의미치료(Logotherapy)'는 대화를 통해 생의 의미를 되찾게 해주는 방법이다. 정신의학자 빅터 프랭클은 유대인이라는 이유로 2차 세계대전 때 나치 강제수용소에 수용돼 그곳에서 가족을 모두 잃는 끔찍한 고통을 겪었다. 그는 그 체험을 바탕으로 자신의 이론을 정립했다.

그는 혹심한 수용소에서도 왜 살아야 하는지를 아는 사람은 끝까지 희망의 줄을 놓지 않고 버티지만, 그런 생각을 잃으면 심신이 바로 무너져 내린다는 사실을 목도했다. 그는 신경증은 삶의 의미를 상실했을 때 발생하며, 따라서 치료의 핵심은 환자에게 생의 의미를 찾아주는 것이라고 정의했다.

의미치료는 극심한 상실감과 절망에 빠진 우울증 환자에게 효과적인 기법으로 알려져 있다. 그가 종전 후 뉴욕에서 개업의로 활동할 때 아내를 잃고 상심에 빠진 중년 사업가를 치료한 일화는 무척이나 유명하다. 사업가는 살아갈 목적을 잃었다며, 이제는 아무런 의욕도 없다고 하소연했다.

프랭클은 이렇게 말했다.

"만약 하늘에서 부인이 지금 당신의 모습을 보고 있다면 행복할까요, 괴로울까요?"

잠시 생각하던 그는 "아마 힘들어할 겁니다"라고 말했다.

"됐습니다. 그걸 알면 됐어요. 돌아가십시오. 당신이 진정 아내를 사랑한다면 지금 당신이 어떻게 살아가야 하는지 잘 알 것입니다."

그 환자는 치료됐다.

심리학이 준 자기 이해의 힘

이처럼 현대심리학은 내가 누구인지 퍼즐을 맞추는 데 그리고 우울을 극복하는 데 엄청난 도구를 제공한다. 약물치료가 뇌의 화학적 균형을 잡아준다면 심리치료는 왜곡된 사고와 콤플렉스, 무의식의 상처를 직면하고 다룰 수 있도록 돕는다.

나처럼 60대 후반에야 비로소 '아, 내 안에 이런 그림자들이 있었구나' 하고 깨닫는 사람도 많다. 늦었어도 다행이다. 이제 나는 내 본질을 부정하거나 억압하지 않고, 나에게 맞는 생각 및 행동 패턴을 찾으며 살고 있다. 우울증은 완전한 '종결'을 바라기보다는 '길들이며 함께 살기'가 더 현실적일지도 모르지만, 적어도 심리학을 통해 그 과정을 한결 가볍게 갈 수 있게 됐다.

그러니 당신에게도 권하고 싶다. 혹시 내면을 들쑤시는 불안이나 루미네이션이 있다면, 심리재활치료에 관심을 가져보라고. 가벼운 셀프 상담부터 전문가의 도움까지 방법은 다양하다. 내가 누구인지 그리고 어떻게 살아갈지에 대한 퍼즐 조각을 찾도록 도와주는 것이 바로 심리학의 힘이다.

현대심리학의 계보: 정신분석에서 뇌과학까지

현대심리학은 20세기에 접어들어 다양한 학파가 서로 경쟁하고 융합하는 과정을 거치면서 발전했다. 프로이트의 정신분석학에서 시작해 행동주의, 인지심리학, 인본주의, 실존주의 등을 거쳐 최근에는 뇌과학과의 결합으로 새로운 흐름을 만들어가고 있다.

프로이트의 정신분석학
무의식을 파고들어 어린 시절 경험과 성적·공격적 본능이 현재의 심리에 어떤 영향을 미치는지 분석한다. 대표 개념으로 이드(Id), 에고(Ego), 슈퍼에고(Superego), 꿈 분석, 방어기제 등이 있다.

아들러의 개인심리학
프로이트에게 가르침을 받았으나 스승과 결별한 후로는 열등감이야말로 인간 행동의 중요한 동기라고 봤다. 과거에 얽매이기보다는 현재 이 순간 어떻게 성장할 것인지에 주목하는 이론이다.

카를 융의 분석심리학
프로이트 계열에서 출발했으나, 개인 무의식과 함께 집단·심층무의식이 존재한다고 주장했다. 인간 내면에 보편적인 원형(Archetype)이 있다고 봤으며, 페르소나와 그림자 개념을 통해 자아의 조화를 중시했다.

행동주의 심리학
인간의 무의식을 강조한 정신분석과 달리 눈에 보이는 행동에 집중한다. '파블로프의 개' 실험 등을 바탕으로 보상/처벌이라는 환경적인 요인을 통해 인간 행동이 학습된다고 보았다. 그들의 이론은 교육 및 치료 현장에 큰 영향을 미쳤다.

인지심리학

앨버트 엘리스(Albert Ellis), 에런 벡(Aaron Beck) 등의 학자들은 인간의 사고(인지) 작용을 강조했다. 그들은 부정적인 인지를 교정하면 우울증이나 불안을 개선할 수 있다고 주장하며 인지행동치료 이론을 발전시켰다.

인본주의·인간중심 심리학

칼 로저스, 에이브러햄 매슬로(Abraham Maslow) 등의 학자들은 '인간은 자신을 성장시키려는 잠재력이 있는 존재다'라고 주장한다. 무조건적 긍정적 존중, 공감적 이해 등 정서적인 지지를 통해 내담자가 자발적으로 회복할 수 있다고 믿는다.

실존주의·의미치료

빅터 프랭클의 실존의미치료는 인간이 '왜 살아야 하는가'라는 의미를 잃으면 절망과 허무에 빠진다고 본다. 반대로 그 이유를 발견하면 극심한 역경도 버틸 힘을 갖게 된다.

뇌과학과의 융합

21세기 들어 신경과학과 뇌영상 기술이 급격히 발달하면서 우울증, 불안장애, 조현병 등 다양한 정신질환이 뇌 신경전달물질, 신경가소성과 밀접한 관련이 있다는 사실이 속속 밝혀지고 있다. 그에 따라 약물치료와 심리치료가 상호보완적으로 발전하는 흐름이 두드러진다.

3부

우울을 넘어 새로운 삶으로

아들 넷이 모두 요절한 집안에서 외동딸로 태어난 그녀는
어머니로부터 사랑받지 못한 채 성장했다.
자존감과 자긍심은 어릴 때부터 깊은 상처를 입어
최고 학벌에 교수, 심신치유 전문가로 활동하면서도
내면은 늘 전쟁터와 같았다.
"나는 가치 없는 인간이야."
이 말이 늘 내면에서 메아리쳤다.

마흔이 넘은 어느 날부터 그녀는 옥상에서 뛰어내리는 상상을 자주 했다.
자살 충동은 빈번했고, 스스로를 통제하는 힘은 점점 약해졌다.
그때 그녀는 영성가 에크하르트 톨레, 정신의학자 프로이트와 카를 융 역시
깊은 우울을 겪었다는 사실을 접하고 자신을 이해하게 됐다.
"이건 나만의 문제가 아니구나."
그들의 고통을 따라가며 그녀는 깨달았다.

우울증은 피할 수 없는 것이며
때로 그 에너지는 자살처럼 폭력적으로 발현될 수 있다는 것을,
그리고 결국은 참고 기다려야 한다는 것을.

그녀는 미국과 인도로 떠나 명상과 요가, 영적 수행을 하며
자신의 우울을 마주했다.
학자의 길과 구도자의 길을 함께 걸으며,
그녀는 점차 심신의 균형을 되찾기 시작했다.

그리고 마침내 알게 됐다.

"내게 우울은 정서적인 문제가 아니라, 존재론적인 숙제다."

그 여정에서 자신에게 냉담했던 어머니를 이해하게 되었고,

어머니의 삶도, 자신의 고통도 결국 인간 영혼의 여정이자

영적 세계의 어떤 깊은 작용임을 받아들였다.

이후 거칠었던 감정은 부드러워졌고,

그녀는 삶의 풍요로움을 되찾았다.

카를 융처럼 그녀도 매일 아침 수행을 거르지 않는다.

아침의 마음 상태가 하루를 결정하고, 결국 인생을 결정한다는 믿음에서다.

그녀의 아침 루틴은 단순하다.

"내가 당신이다."

"나는 빛나는 존재다."

짧은 만트라(진언)를 되뇌며

자신 안의 부정적인 감정을 조용히 바라보고, 흘려보낸다.

그리고 온몸이 빛으로 가득 차오르는 모습을 상상한다.

이른바 티베트식 관상법.

심리학의 인지행동치료에서 활용하는

긍정 확언과 긍정 상상 기법과도 유사하다.

우울증, 다시 찾아와도 괜찮다

이 글을 쓰고 있는 지금, 우울증에서 벗어난 지 어느덧 13년이 흘렀다. 2012년 8월 병원치료를 마친 후 단 한 번도 약을 먹거나 병원을 찾은 적이 없다. 의학적으로는 지극히 정상이다.

그러나 우울증이 없어도 인생이란 크고 작은 전투가 벌어지는 전장이다. 60대 후반에 접어든 지금, 우울감과 공허함, 불안이 문득문득 찾아온다. 지금 잘 이겨낸다 해도 마치 몸살이나 폐렴처럼 언제든 다시 엄습할 수 있다. 하지만 이제 나는 당황하지 않는다. 우울증을 극복하며 익힌 마음 다스리는 법과, 마음 피트니스로 다져진 마음 근력 덕분이다.

감기 바이러스가 어디에나 존재하듯, 우울증이란 병균도 우리 삶 곳곳에 잠복해 있다. 그러나 면역력이 강하면 감기에 걸리지 않듯, 이제 나는 우울을 스스로 조절할 수 있다.

새벽에 찾아오는 둔한 고통: 바라봄으로써 극복하다

매일 새벽, 어렴풋이 의식이 깨어날 때쯤이면 아랫배에서 둔한 통증이 올라온다. 무겁고 묵직하게 눌러오는 이 감각은 아마도 내 무의식 속에 쌓인 상처와 아픔, 번뇌와 기억의 총합일 것이다.

예전 같으면 이 감각에 휩쓸려 불안과 끝없는 생각(루미네이션)의 늪에 빠졌을 것이다. 그러나 이제 나는 그저 바라볼 뿐이다. 아랫배의 통증을, 함께 떠오르는 여러 생각과 감정을 판단 없이 지그시 바라본다. 마음 공부에서 배운 '비판단적 알아차림'이다. 위빠사나 명상에서는 이를 '알아차림(awareness)' 혹은 '평정(equanimity)'이라 부른다. 이 과정은 단순한 두 단계로 이루어진다.

첫째, 통증을 신체적으로 느낀다(알아차린다).

둘째, 통증에 어떤 의미를 부여하지 않고, 피하지도 않으며 평정한 마음으로 바라본다.

과거처럼 루미네이션의 늪에 빠진다면 하루를 시작하기도 전에 지쳐버릴 것이다. 그러나 이제 나는 고통을 바라보는 법을 배웠다. 둔중한 고통을 계속 바라본다. 루미네이션이 유혹해도 끌려가지 않는다.

이윽고 고통은 힘을 잃더니 서서히 사라진다. 그리고 평정과 편안함이 그 자리를 채운다. 상황 끝! 이것이 내가 우울증을 다스리는 방법 중 하나다. 오늘도 나는 그렇게 하루를 시작한다.

아침에 불편함을 느끼기 시작한 것은 사춘기 때부터였다. 어린 시절을 지나 청소년이 되면서 아침은 점점 힘든 시간이 되었다. 성인이 되어 직장 생활을 하면서도 아침에 눈을 떴을 때 상쾌함보다는 삶의 무게와 불안이 먼저 느껴졌다. 이를 떨쳐내기 위해 눈을 뜨자마자 바깥으로 나가 조깅을 했다.

조간신문 기자는 아침이 더욱 두렵다. 전날 밤 내가 쓴 기사가 신문에 어떻게 실렸을지, 경쟁사의 보도는 어땠을지 마음이 조마조마하다. 오죽하면 내가 다니던 신문사 사주가 남긴 회고록 제목도《나는 아침이 두려웠다》였을까. 매일 아침 긴장과 불안 속에 눈을 뜰 수밖에 없었다.

  우울증을 앓았을 때 아침은 진짜 끔찍한 시간이었다. 눈을 뜨는 순간부터 머릿속에서 공포영화가 상영되었다. 루미네이션이 마구 돌아가며 온갖 부정적인 기억과 감정을 끌어냈다. 몸은 가만히 누워 있는데 신경계는 교감신경이 과활성화된 전투 상태가 되어 온몸이 땀에 흠뻑 젖고, 심장은 불안으로 뛰었다.

  그러다 우울증을 극복하면서 나는 이런 증상을 서서히 조절하기 시작했다. 이제는 그저 바라보면서 마음을 편안하게 이끄는 상태가 되었다. 불안이 찾아와도, 스스로 마음을 조절하며 차분하게 다스릴 수 있다. 당장은 어려운 일일 수 있다. 그러나 꾸준히 연습하면 누구나 가능하다. 이것은 물리적인 작용이기 때문이다.

몸을 이완시키고 활력을 주는 아침 루틴

아침에 마음의 평정을 유지하려면 몸에 활력을 주는 것이 중요하다. 나는 예전처럼 조깅을 하지는 않지만, 그 대신 셀프 마사지와 스트레칭, 요가를 한다.

마사지: 몸을 깨우는 루틴

새벽의 첫 관문을 통과하고 난 뒤 나는 침대에 그대로 누워 10분 정도 마사지를 하며 몸을 깨운다.

- 주먹을 쥐었다 폈다 50회 반복 → 손의 에너지 활성화
- 겨드랑이 림프절 마사지 → 혈액순환 촉진
- 목덜미, 귀, 가슴 위 근육 풀기 → 상체 긴장 완화
- 사타구니 림프절, 발바닥 및 정강이 마사지 → 하체 순환 개선

이 과정을 거치면 몸 전체에 활력이 돌고, 마음도 한결 가벼워진다.

요가와 명상: 평정을 위한 준비

침대에서 일어나 거실로 나와 존 카밧진의 마음챙김 명상 (MBSR)에 나온 16가지 요가 동작을 수행한다. 그런 다음 책상 의자에 앉아 30분~1시간 명상을 한다.

- 호흡 명상 → 마음 이완, 집중력 향상
- 위빠사나 명상 → 몸과 감정을 그저 바라보는 연습
- 자기 성찰 → '나는 누구인가?', '내가 원하는 삶은 무엇인가?', '오늘 어떻게 살 것인가?'

마지막으로, 신께 기도하며 하루를 시작한다.

아침은 하루의 시작이자, 마음의 방향을 정하는 중요한 순간이다. 특히 우울증을 겪고 있다면 아침 루틴이 반드시 있어야 한다. 복잡하거나 거창할 필요도 없다. 중요한 건 자신에게 맞는 방식으로 몸과 마음을 깨우는 습관을 만드는 것이다. 다음 세 가지를 기억하자.

첫째, 아침 시간 20~30분을 반드시 확보하라.

바쁜 직장인이라도 20~30분 시간을 내 실천하자. 스티브 잡스 같은 세계적인 기업가도 매일 아침 스트레칭과 명상에 20분을 투자했다. 습관이 되면 그저 바라보는 것만으로도 걱정이 사라진다.

둘째, 몸과 마음을 모두 챙겨라.

신체와 정신의 균형을 잡는 것이 핵심이다. 마음이 어지러우면 몸도 무거워지고, 몸이 피곤하면 마음도 약해진다. 아침에 균형을 잡아야 하루 종일 에너지를 잘 활용할 수 있다.

① 신체 활동: 몸을 깨우는 루틴
- 가벼운 스트레칭, 요가, 마사지
- 간단한 근력 운동(스쿼트, 팔굽혀펴기 등)
- 산책이나 가벼운 유산소 운동

② 정신 활동: 마음을 정돈하는 루틴
- 명상: 호흡을 가다듬으며 몸과 마음을 차분하게 하기
- 기도: 하루의 감사와 바람 정리
- 기록: 전날을 돌아보고, 오늘의 목표 기록

셋째, 가장 중요한 것은 꾸준함이다.

우울증은 사람을 한없이 가라앉게 만든다. 또 나이가 들수록 움직이기가 싫어진다. 움직이지 않으면, 결국 무너진다. 신체적인 이완이 잘되어야 마음도 안정된다. 내 주변 노인들은 매일 아침 1~3시간씩 성경 필사, 묵상, 외국어 공부, 붓글씨, 등을 하며 하루를 시작한다. 이런 루틴은 단순한 습관이 아니라 치매 예방, 잡념 해소, 삶의 목표와 희망을 유지하는 버팀목이 된다. 이 작은 실천이 쌓이면, 언젠가는 당신도 아침을 두려워하지 않고 행복하게 맞이하는 날이 올 것이다.

우울증은 재발한다, 그러기에 대비해야 한다

우울증은 한 번 이겨냈다고 끝나는 병이 아니다. 감기처럼 언제든 다시 찾아올 수 있다. 재발하는 경우가 70%에 이를 정도로 흔하다.

나 또한 지난 십수 년간 우울증의 숱한 유혹을 받았다. 삶은 예측할 수 없고, 스트레스를 받거나 방심하는 순간 우울증은 다시 찾아온다. 비가 오면 움푹 파인 곳을 따라 물이 흐르듯, 우리 뇌는 과거의 익숙한 사고 패턴으로 돌아가려 한다.

그러나 치산치수(治山治水)가 가뭄과 홍수를 막아주듯 평소에 심신 관리를 잘해두면 아무런 문제가 없다. 규칙적인 생활 습관, 루미네이션 관리, 마음 근력 키우기가 필수다.

우울증이 다시 찾아오면 이렇게 대처하자.

첫째, 우울증과 맞서 싸우지 말고, 담담하게 받아들여라.

우울증이 다시 찾아오면 사람들은 두려움에 휩싸인다.

'왜 또 이러지? 다시 우울증이 시작되는 건가?'

그러나 두려움에 빠지거나 맞서 싸울수록 우울증은 더 강해진다. 그리스 신화와 성경에서 '절대 돌아보지 말라'라는 신의 명령을 어겨 돌이 되어버린 사람들처럼, 우울증의 감정과 생각에 휩쓸리면 결국 다시 빠져들 수밖에 없다.

우울증 극복의 핵심은 루미네이션 관리다. 즉 부정적인 생각의 소용돌이에 빠지지 않고, 그것을 적절히 다룰 수 있는 능력을 키워야 한다. 19세기 하버드대학교 교수이자 '미국 심리학계의 아버지'라 불리는 윌리엄 제임스(William James)도 일찌감치 이를 간파하고 자신의 저서 《심리학의 원리》에서 이렇게 말했다.

방황하는 주의를 반복적으로 되돌려놓는 능력이야말로 그 사람의 판단과 성격, 의지의 뿌리다. 그런 능력을 갖지 못한 사람은 자신의 주인이라 할 수 없다.

이때 필요한 것은 담담한 태도다.
"또 왔구나. 그래, 그냥 있다가 가라."
"나는 내 할 일을 계속할 테니, 너는 네 마음대로 해라."
우울한 감정이 나를 휘어잡도록 두지 않고, 그저 내 옆을 스쳐 지나가도록 내버려두는 것이다. 다행히 우울한 감정 자체는 그 어떤 물리적인 힘을 가지고 있지 않다.

중세 중동의 영성가 잘랄루딘 루미(Jelaluddin Rumi)가 지은 〈여인숙〉이라는 시는 이런 마음챙김과 수용의 철학을 은유적으로 보여준다. 인간의 감정을 마치 여인숙에 찾아오는 손님처럼 받아들이라는 깊은 가르침을 전한다.

인생은 여인숙과 같네.
매일 새로운 손님이 찾아오지.
기쁨, 좌절 그리고 슬픔,

심지어 순간적인 깨달음까지도
뜻밖의 방문객처럼 찾아오네.

모두를 환영하고 대접하라!
비록 그들이 슬픔의 무리를 이끌고 와
집 안을 거칠게 휩쓸어버릴지라도,

그 손님들을 존중하라.
그들은 새로운 기쁨을 위한 공간을
비워내고 있는 것인지도 모르니.

어두운 생각, 수치심, 악의조차
문 앞에서 웃으며 맞이하라.
그들을 초대하여 식탁에 앉게 하라.
누구든 찾아오면 고마워하라.

그들은 모두 저 너머에서
새로운 가르침을 전해주는 손님들이므로.

또 스티브 잡스의 영적 스승인 일본 선승 스즈키 순류는 이렇게 표현했다.

집 앞뒷문을 열어놓으세요.
그리고 생각이 자유롭게 드나들도록 하세요.
단, 생각에 차 대접은 하지 마세요.

둘째, 몸과 마음의 신호를 알아차려라.
감기도 초기에 대처하면 심하게 앓지 않고 끝난다. 우울증도 마찬가지다. 몸과 마음에서 어떤 이상 신호가 오는지 알아차리자.
아랫배가 무겁고, 장이 답답한 느낌이 드는가?
가슴이 답답하고, 피로감이 몰려오는가?
생각이 많아지고, 루미네이션이 멈추지 않는가?
며칠째 잠을 못 자고 있는가?
이런 신호가 감지되면 즉시 마음챙김 훈련을 시작해야 한다.

- 운동: 땀이 날 정도로 움직이면 부정적인 생각이 줄어든다.
- 명상: 호흡을 가다듬으며 생각을 가라앉힌다.

- 휴식: 몸과 마음이 피곤하면 쉰다.
- 긍정심리: 산책, 음악 듣기, 책 읽기 등 기분을 좋게 하는 작은 활동을 한다.

셋째, 스스로를 책망하지 말고, 따뜻한 연민을 가져라.
우울증이 재발하면, 사람들은 쉽게 자신을 탓한다.
'나는 왜 이렇게 약할까?'
'또 우울해지다니, 난 안 되는 건가?'
그러나 자기 비난은 상황을 더욱 악화시킬 뿐이다.
'그래, 나도 힘들 수 있지.'
'이 감정도 곧 지나갈 거야.'
'내가 나를 더 따뜻하게 돌봐주자.'
자신을 비난하는 것이 아니라, 위로하고 감싸주는 자기 연민(self-compassion)의 태도가 필요하다.

넷째, 필요하면 약을 먹어라. 그러나 의존해서는 안 된다.
감기가 심하면 약을 먹듯, 우울증이 심할 때도 약의 도움을 받을 수 있다. 미국의 어느 심리학 교수는 선천적으로 민감한 체질이라 힘들 때는 우울증 약을 복용한다고 한다. 우리나라

루미네이션 재발 시 대응 4단계

| 알아차리기 | ▶ | 감사하기 | ▶ | 흘려보내기 | ▶ | 리듬 되찾기 |

에서도 많은 사람이 약을 곁에 두고 생활한다.

다만 약만으로는 우울증을 해결할 수 없다. 우울증은 뇌의 화학적인 문제만이 아니라 삶의 태도와 사고방식, 생활 습관이 만든 병이기 때문이다. 따라서 약을 먹더라도 꾸준한 마음 운동과 생활 개선이 함께 이루어져야 한다.

외부가 아닌 내면에서 힘을 찾아야 한다

세계보건기구는 '우울증은 21세기에 가장 큰 질병 부담을 초래하는 주요 원인 중 하나가 될 것이다'라고 예측했다. 우리나라도 예외가 아니다. 우리나라는 OECD 국가 중 우울증 증가율 1위, 자살률 1위라는 불명예를 안고 있다.

과거에는 이렇게 심각하지 않았던 우울증이 왜 지금 이렇게 급증하고 있을까? 이 궁금증을 풀려면 우울증은 단순히 개인의 나약함이 아니라 현대 사회가 만든 구조적인 문제라는 사실을 이해해야 한다.

과거에는 먹고사는 문제가 가장 시급한 과제였다. 전쟁과 가난, 생존의 위협 속에서 사람들은 정신적인 공허감을 느낄 겨를이 없었다. 그러나 현대 사회는 다르다. 경제적으로 풍요롭고, 생존의 위협도 줄었다. 하지만 그와 동시에 삶의 의미를 찾는 것이 새로운 문제가 되었다.

빅터 프랭클이 말했듯, 이제 사람들은 '어떻게 살아남을 것인가'가 아니라 '왜 살아야 하는가'를 고민한다. 이 질문에 답을 찾지 못한 이들은 우울감과 무기력에 빠져든다.

사회 발달에 따른 급격한 라이프스타일 변화도 한 요인이다. 한마디로 우리는 점점 고립되고 있다.

과거 농경 사회의 삶은 자연과 가까웠다. 흙을 밟고, 바람을 맞으며, 탁 트인 공간에서 생활했다. 그러나 현대인은 콘크리트 벽에 둘러싸인 채 스마트폰과 모니터를 보며 하루를 보낸다.

또한 과거에는 대가족이 함께 살며 서로 의지했다. 지금은 핵가족을 넘어 혼자 사는 사람들이 늘어나면서 사회적인 고립이 심화되고 있다. 외로움과 단절이 깊어질수록 우울증도 더 강력하게 사람들을 지배한다.

어디 그뿐인가. 현대는 정보 사회다. 스마트폰과 유튜브, SNS, 미디어가 쏟아내는 끊임없는 자극은 우리의 뇌를 극도로 산만하고 지치게 만든다. 과거에는 하루에 접하는 정보의 양이 제한적이었다. 하지만 지금은 어마어마하게 많은 뉴스, 광고, 댓글에 가짜 정보까지 가세해 우리의 정신을 끊임없이 흔들어놓는다.

무엇보다 현대는 성과 사회다. 그 속에서 우리는 스스로를 착취하고 있다.

독일 철학자 한병철은 저서 《피로사회》에서 "현대는 성과 사회로 변모했다"라고 분석했다. 과거에는 사람들이 '하지 말아야 할 것'을 규제하는 사회였다면, 지금은 '더 해야 한다'라는 압박 속에 스스로를 몰아붙이는 사회가 되었다.

더 성공해야 한다.
더 부자가 되어야 한다.
더 완벽해야 한다.

끊임없이 '더'를 요구하는 이 사회의 자기 착취 속에서 우리는 쉬는 법을 잊었고, 스스로를 돌보는 능력을 잃었다. 결국 지쳐버린 정신과 육체가 우울증으로 무너지는 것이다.

세상은 결코 쉽게 바뀌지 않는다. 우울증을 일으키는 환경은 금방 개선되지 않는다. 그러니 스스로 살아남는 법을 배워야 한다. 우울증 극복의 가장 중요한 원칙은 내면의 힘을 단련하는 것이다. 세상이 아무리 흔들고 또 흔들어도, 자신의 중심을 잡아야 한다. 그것이야말로 우울증에서 벗어나 진정한 자유를 얻는 길이다.

지그문트 프로이트의 딸이자 20세기 아동정신의학의 선구자인 안나 프로이트(Anna Freud)가 남긴 말이 기억난다. 그녀도 아버지처럼 겉으로 드러난 인간의 의식세계보다 그 속에 감춰진 무의식 세계를 평생 연구했다.

나는 힘과 자신감을 찾아 항상 바깥으로 눈을 돌렸다.
그러나 자신감은 내면에서 나온다.
항상 그곳에 있다.

삶의 목표를 외부적인 성공이나 성취에 두지 말고, 자기 안에서 찾으라는 의미다. 삶은 바깥세상에서의 분투이기 이전에 자신과의 싸움이고, 자신과의 싸움에서 이긴 사람이 진정한 승자다.

우울증을 이긴 사람, 진 사람

우울증의 원인은 매우 복잡해 보이지만 본질적으로는 신체적·정신적 요인이 서로 영향을 주고받으며 작용하는 병이다. 신체적으로 보면 뇌 신경계의 문제다. 뇌의 신경전달물질(세로토닌, 도파민dopamine, 노르에피네프린norepinephrine 등)의 균형이 깨지면서 감정 조절이 어려워지고, 신경계를 통해 몸에도 부정적인 영향을 미친다. 정신적으로는 루미네이션, 즉 부정적인 생각과 감정이 반복되면서 증상이 심화된다.

한마디로 부정적인 마음이 뇌 신경전달물질의 불균형을 초래하고, 그로 인해 신체가 나빠지는 악순환이 반복되는 것이다. 몸이 아프면 부정적인 감정이 더 커지고, 부정적인 감정은 신경전달물질을 변화시키며, 이는 다시 몸에 영향을 미쳐 더 깊은 우울의 늪으로 빠지는 구조다.

특히 선천적으로 뇌 신경계에 문제가 있는 사람이라면, 의지나 생활 습관과 관계없이 부정적인 감정이 쉽게 나타나고 신체적으로도 우울증이 더 심해질 가능성이 크다. 의외로 유전의 영향도 커 부모나 가까운 친척 중 우울증 환자가 있는 경우 발병 확률이 30~40%까지 증가한다.

생활 습관이나 환경적인 요인이 우울증에 미치는 영향은 이미 잘 알려져 있다. 운동 부족, 불규칙한 식습관, 수면 부족, 과도한 음주나 흡연 등 건전하지 못한 생활 패턴을 이어가거나 스트레스를 제때 풀지 못하면 우울증으로 악화되기 쉽다. 인간관계의 갈등이나 단절, 경제적인 어려움, 가정폭력이나 이혼 등의 트라우마, 실직이나 은퇴 등의 급격한 환경 변화도 우울증에 취약한 상태를 만든다.

우울증은 누구에게나 찾아올 수 있다

우울증이라는 필터로 주변을 보니 알게 모르게 우울증을

겪고 있는 사람이 많았다. 겉으로는 강해 보이고 잘나가는 사람인데도 말이다. 이런저런 인연으로 알고 지내는 이들의 사례만 봐도 그랬다.

- 대기업 회장: 십수 년 전 억울한 사건으로 목표를 포기하면서 심한 우울증을 앓음.
- 국회의원: 정치자금법 위반으로 감옥을 수차례 드나듦. 무죄 판결을 받았으나, 수감 생활로 인한 폐소공포증에 시달림.
- 대기업 CEO: 평생 쌓인 업무 스트레스와 긴장으로 정기적으로 정신과 치료를 받음.
- 2세 경영인 사업가: 극심한 불면증으로 매일 수면제에 의존함.
- 언론사 임원: 수십 년간 취재 경쟁에 시달리다 주말마다 텃밭 가꾸기와 낚시로 정신적인 안정을 찾음.
- 전직 장관: 친구의 갑작스러운 죽음을 접한 후 인생의 허무함에 빠져 우울증 치료를 받음.
- 전직 4성 장군: 노년에 찾아온 우울증이 호전되지 않아 힘든 말년을 보냄.

이 밖에도 나는 자료를 조사하면서, 위대한 성취를 이룬 인물 중에 우울증을 앓은 이들이 많다는 사실을 발견했다. 레오나르도 다빈치, 갈릴레오, 괴테, 베토벤, 칸트, 발자크, 보들레르, 에밀 졸라, 찰스 다윈, 톨스토이, 도스토옙스키, 헤르만 헤세, 키르케고르…. 우울증은 단순한 감정 기복이 아니어서, 감성이 풍부하고 현실의 부조리에 민감한 사람일수록 더욱 쉽게 걸린다.

이들은 우울증에 어떻게 대처했을까? 나는 네 명의 인물을 통해 그 차이를 분석하려 한다.

- 미국 역사상 가장 위대한 대통령, 에이브러햄 링컨
- 2차 세계대전을 승리로 이끈 영국 총리, 윈스턴 처칠
- 천재 철학자, 프리드리히 니체
- 불멸의 문학가, 어니스트 헤밍웨이

링컨과 처칠은 우울증을 극복하고 역사를 바꾼 인물이 되었지만, 니체와 헤밍웨이는 우울증에 무너져 비극적인 최후를 맞았다. 그 차이는 무엇일까?

링컨: 우울증을 넘어 위대한 지도자로

미국의 16대 대통령 에이브러햄 링컨은 대표적인 '흙수저' 출신이다. 어린 나이에 어머니와 누나를 잃고 냉담한 아버지로부터 노동을 강요받고 자란 그는 일찌감치 극심한 우울증에 시달렸다. 친구들이 "링컨은 절망 속에 빠져 자살을 염려해야 했다"라고 증언할 정도였다. 성인이 되어서는 사업과 선거에서 실패를 거듭했고, 사랑했던 여인은 전염병으로 세상을 떠났다. 결혼 생활도 불행했다.

그러나 그는 미국 역사상 가장 위대한 대통령으로 남았다. 노예 해방을 이루었고, 남북전쟁에서 승리를 이끌었다. 극심한 우울증 속에서도 그는 어떻게 무너지지 않고 역사에 길이 남을 리더가 될 수 있었을까? 그 답은 우울증을 대하는 태도, 신앙심, 유머 감각 그리고 사명감에 있었다.

수용: 우울증을 받아들이고 함께 살아가다

링컨은 우울증을 없애야 할 대상으로 여기지 않았다. 오히려 그는 자신의 우울을 있는 그대로 받아들이고, 함께 살아가는 법을 터득했다. 이는 현대심리학이 강조하는 '고통을 있는 그대로 바라보라'라는 태도와도 일맥상통한다.

신앙심: 초월적인 힘에 맡기다

링컨은 독실한 기독교인이었다. 그는 성경을 깊이 탐독하며, 중요한 결정을 내릴 때마다 기도했다. 그의 신앙은 단순히 종교적인 믿음을 넘어 삶의 방향을 결정하는 나침반이었다. 전쟁 중 그는 종종 "왜 하나님께서 나를 이 자리에 두셨는가?"라며 통곡했지만, 그때마다 신앙 속에서 질문의 답을 찾았다. 신앙은 그가 혼란 속에서도 중심을 잃지 않을 수 있었던 정신적인 기둥이었다.

유머: 자신을 희화하며, 사람들의 마음을 열다

우울증을 이겨내기 위해서는 회피가 아니라 감정을 적절히 전환하는 능력이 필요하다. 링컨은 자신의 아픔을 유머로 전환하며 사람들과 소통하는 도구로 삼았다. 특히 자신의 외모와 태도를 희화해 사람들에게 웃음을 선사한 것으로 유명하다. 일례로 1858년 상원의원 토론에서 상대 후보 스티븐 더글러스가 "두 얼굴을 가진 사람"이라고 공격하자, 링컨은 이렇게 받아쳤다.

"내가 두 얼굴을 가졌다면, 이 못생긴 얼굴을 들고 나왔겠습니까?"

청중은 폭소했고, 분위기는 반전되었다.

그의 유머는 단순한 기교가 아니었다. 자신을 낮추고 스스로를 조롱함으로써 내면의 고통을 승화하는 고도의 방어기제였다.

사명감: 자신을 넘어, 더 큰 목표를 위해

링컨이 우울증을 극복할 수 있었던 가장 강력한 원동력은 '사명감'이었다. 그는 미국을 하나로 통합하고, 노예제도를 폐지해야 한다는 확고한 신념을 가지고 있었다. 개인적인 불행에 빠져 있을 시간이 없었다.

남북전쟁이 한창이던 1862년, 그는 이렇게 말했다.

"이 나라가 존재하는 한, 자유는 보장되어야 한다. 나에게는 두려워할 시간이 없다."

개인적인 불행을 넘어서는 더 큰 목표를 가지는 것, 그것이 우울증을 이기는 또 하나의 강력한 무기였다.

링컨의 리더십에서 가장 돋보이는 점은 포용성과 인내심이다. 나는 이것이야말로 그가 우울증을 겪으면서 체득한 것이라고 본다.

알다시피 그는 아버지와 아내 때문에 큰 고통과 절망을 겪었다. 그러나 한편으론 그 덕분에(?) 인간 본성에 대한 깊은 이해와 관용적인 태도를 갖게 되었다. 만약 그가 살면서 겪은 인간의 부정성에만 집중했다면, 아마도 우울증에 무너졌을 것이다. 그러나 그는 밝은 면과 어두운 면, 선과 악이 어우러진 인간 본성을 누구보다도 깊이 인식했다. 그런 통찰력은 미국 역사상 가장 위대한 대통령으로 남을 수 있었던 원동력이 되었다. 생각해보라. 만약 그가 북군은 선, 남군은 악이라는 이분법으로 세상을 보았다면 종전 이후 미연방의 화해와 통합은 어려웠을 것이다.

링컨이 정말 위대한 건 우울증이 공급하는 끊임없는 비관과 절망을 정반대의 낙관과 희망의 에너지로 전환해 다시 세상에 공급했다는 점이다. 그는 고통 속에서 사람의 아픔을 이해하는 능력을 키웠고, 그것을 바탕으로 미국을 다시 하나로 묶어 세웠다.

처칠: 평생 검은 개와 싸운 전사

링컨이 미국의 대표적인 '흙수저'라면, 영국 총리 윈스턴 처칠은 명문가 출신의 대표적인 '금수저'였다. 그러나 그의 인생은 순탄하지 않았다. 아버지는 정치인, 어머니는 사교계의 유명 인사였으나 두 사람 모두 어린 처칠에게 무관심했다. 어린 그는 부모의 관심을 갈망했지만, 돌아오는 것은 냉대와 방치뿐이었다.

그의 학창 시절도 힘들었다. 지능이 높았으나 학업 성적은 최악이었고, 명문 해로우 스쿨에서도 실패를 반복했다. 대학도 갈 곳이 마땅치 않아 삼수 끝에 평범한 사관학교에 입학했다. 친구들은 그를 '지진아'라며 비웃었고, 정치인이 된 이후에는 타협을 모르는 성격 때문에 '왕따'가 되기 일쑤였다.

우울증은 그의 가족력이기도 했다. 아버지는 우울증으로 고생하다 47세의 나이에 타계했고, 몇몇 자녀도 우울증과 알코올의존증으로 고통받았다. 그러나 처칠은 무너지지 않았다. 그는 어떻게 우울증을 극복하고 2차 세계대전을 승리로 이끈 지도자가 될 수 있었을까. 처칠이 우울증을 이긴 네 가지 방법을 살펴보자.

불굴의 의지: 끝까지 싸우다

처칠은 자신의 신경증적인 성향을 숨기지 않았다. 그는 자신의 우울증에 '검은 개(Black Dog)'라는 이름을 붙이고, 마치 반려동물처럼 길들이려 했다. 젊은 시절 정계에서 완전히 밀려났을 때, 그는 폐인처럼 지내며 자살 충동과 싸워야 했다. 하지만 그는 검은 개에게 질 수 없었다. 그는 이렇게 말했다.

"절대 굴복하지 마라(Never give in)! 절대, 절대, 절대 굴복하지 마라."

이는 그의 삶 전체를 관통한 신념이기도 했다. 그는 1940년, 영국이 나치 독일의 위협 앞에 무너질 위기에 처했을 때 총리로 돌아왔다. 당시 영국 국민들은 절망감에 빠져 패배를 시인하려는 분위기였다. 그러나 처칠은 단호하게 말했다.

"나는 피와 땀과 눈물과 노력밖에 드릴 것이 없습니다. 우리는 해안에서, 들판에서, 하늘에서 싸울 것이며, 결코 항복하지 않을 것입니다!"

그의 목소리는 공포에 질린 국민들을 일깨웠고, 결국 전쟁을 승리로 이끌었다.

그는 패배를 상상조차 하지 않았다. 그는 끝까지 싸웠고, 결국 승리했다.

창작을 통한 치유: 그림과 글쓰기

우울증을 극복하는 방법은 사람마다 다르다. 링컨이 유머로 자신의 아픔을 승화했다면, 처칠은 예술과 글쓰기로 내면의 불안을 달랬다.

그가 40세 무렵 정계에서 밀려나 극심한 우울증을 겪을 때, 우연히 아이들이 그림 그리는 모습을 보았다. 그때 문득 생각했다. '나도 해보자. 저 아이들처럼, 아무 생각 없이 그림을 그려보자'라고.

그는 즉시 붓을 들었고, 그 순간부터 그림은 평생의 치유 수단이 되었다. 그는 단순한 취미를 넘어 유럽 전시회에 출품할 정도로 수준 높은 작품을 남겼다.

글쓰기도 멈추지 않았다. 전쟁이 끝난 후 7년에 걸쳐 집필한 회고록《제2차 세계대전》은 세계적인 베스트셀러가 되었고, 그에게 노벨문학상의 영예를 안겨주었다. 그 후로도 글쓰기는 계속되었다. 어쩌면 그는 검은 개가 자신을 덮치지 못하도록 막기 위해 평생 글쓰기에 매달렸던 건지도 모른다.

솔직함과 진정성: 인간적인 매력

링컨이 유머와 겸손으로 사람의 마음을 얻었다면, 처칠은 솔직하고 천진난만한 모습으로 상대의 경계를 허물었다.

2차 세계대전 당시 그는 미국을 설득해 참전을 이끌어내야 했다. 프랭클린 루스벨트 대통령과 친교를 맺기 위해 워싱턴에 머물던 어느 날, 루스벨트가 예고 없이 그의 숙소를 방문했다. 하필 처칠은 샤워를 하던 중이었다. 그러나 그는 당황하지 않고 맨몸으로 루스벨트를 맞이하며 이렇게 말했다.

"보십시오, 나는 각하께 숨길 것이 전혀 없는 사람입니다."

루스벨트는 크게 웃었고, 두 사람은 더욱 가까운 사이가 되었다.

처칠은 사람을 사로잡는 법을 알고 있었다. 그가 대중에게 그리고 정치 동료들에게 영향력을 행사할 수 있었던 이유는 바로 이 솔직함과 진정성 덕분이었다.

책임감: 시대를 짊어진다는 것

그가 우울증에 무너지지 않았던 가장 강력한 이유는 책임감이었다. 그는 자신을 '자유 진영의 리더'로 여겼고, 아돌프 히틀러 같은 독재자로부터 인류를 지켜야 한다는 사명감을 가졌다. 그의 신념은 단순한 정치적 구호가 아니었다. 그는 자신의 운명을 그보다 더 큰 '역사의 흐름' 속에서 보았다. 개인적인 고통이나 불안보다 더 큰 대의를 위해서라도, 그는 살아야만 했다.

그는 자신의 역할을 다했다. 영국을 구했고, 세계를 구했다. 역사는 그를 '20세기 영국이 낳은 가장 위대한 지도자'라 불렀다.

가족력이었던 우울증은 처칠을 평생 괴롭혔다. 그러나 우울증은 그를 쓰러뜨리지 못했다. 오히려 그것이 그를 위대한 인물로 만들었다.

"Never give in!"

그는 자신의 입버릇처럼 굴복하지 않고 끝까지 싸웠고, 결국 이겼다.

링컨과 처칠이 굴곡의 개인사, 우울증, 엄중한 전쟁 상황에서도 국정의 최고 책임자로서 인류사에 빛나는 업적을 남겼다면, 철학자 니체와 문호 헤밍웨이는 반대의 경우다. 그들은 인류사에 위대한 걸작을 남겼음에도 개인적으로는 우울증에 굴복해 불행한 종말을 맞았다.

니체: 초인의 그림자 속에서 무너진 철학자

프리드리히 니체는 19세기 유럽 철학계를 뒤흔든 가장 급진적이고 파격적인 사상가였다. 아버지가 목사인 독실한 기독교 가정에서 자랐으나 대학 시절인 20세 때 신학 공부를 중단하고 신앙 생활도 종지부를 찍었다.

이후 그는 기존의 도덕과 가치 체계를 철저히 부정하고, 인간 스스로 가치를 창조해야 한다는 초인(Übermensch) 사상을 제시했다. 그의 철학은 전통적인 종교와 도덕을 넘어 새로운 인간상을 탐구했다.

그러나 그는 자신이 창조한 철학적인 이상을 감당하지 못했다. 삶의 대부분을 고립 속에 보냈으며, 결국 우울증과 정신병으로 무너졌다. 그의 몰락에는 독단과 교만, 사회적 단절, 이상과 현실의 괴리라는 세 가지 요인이 작용했다.

독단과 교만: 절대적인 확신의 덫

니체는 기존의 신념과 가치 체계를 모두 무너뜨리고 새로운 강자의 윤리를 세우려 했다. 기독교의 겸손과 사랑은 약자의 미덕이라 비판했고, 강자가 자신의 의지로 새로운 가치를 창조해야 한다고 주장했다. 이를 상징하는 것이 바로 "신은 죽었다(Gott ist tot)!"라는 선언이다.

그러나 이 과정에서 그는 점점 더 독선적인 철학자가 되어갔다. 처음에는 기독교를 부정하더니 점차 자신이 존경하던 인물들조차 부정하기 시작했다. 젊은 시절 아루투어 쇼펜하우어의 비관주의 철학에 심취했으나 이후 그의 철학을 배척했고, 독일의 음악가 리하르트 바그너를 스승처럼 따랐지만 그가 기독교적인 색채를 띠자 강하게 비난하며 등을 돌렸다. 또한 소크라테스를 포함한 서양 철학의 거장들조차 비판하며, 오직 자신만이 새로운 시대를 여는 철학자라고 확신했다.

이런 독단적인 사고방식은 결국 그를 극단적인 사상 속에 가두었다. 그는 스스로를 초인으로 만들려 했지만, 실제로는 고립된 외톨이가 되어갔다.

고립과 단절: 철학 속에서 길을 잃다

니체는 24세의 젊은 나이에 바젤대학교 교수로 임용되었지만, 건강 문제로 9년 만에 사임했다. 이후 그는 스위스 알프스와 이탈리아 등지를 떠돌며 유랑 생활을 했다.

그와 함께 인간관계가 점점 단절되었다. 학계에서 그의 사상은 너무 급진적이라는 이유로 외면당했다. 바그너와 결별한 후에는 가까운 지인도 곁에 두지 않았다. 극도로 예민한 성격 탓에 인간관계를 지속하지 못했다. 그는 삶의 대부분을 혼자 사색하며 보냈고, 그로 인해 더욱 극단적인 사고방식에 빠졌다. 결국 그는 스스로 만든 철학 속에 갇혀버렸다.

이상과 다른 비천한 현실: 초인이 되지 못한 철학자

니체는 강자의 철학을 주장했지만, 정작 그는 신체적으로도 정신적으로도 극도로 취약한 삶을 살았다. 우선 건강이 문제였다. 두통과 위장병, 시력 문제로 고통받았으며, 경제적으로도 불안정해 어머니와 누이의 도움을 받아야 했다. 사회적인 성공도 이루지 못했다. 생전에 그의 사상은 크게 인정받지 못했고, 그는 철저히 외면당했다.

그는 인간이 스스로 운명을 개척해야 한다고 주장했지만, 정작 본인은 운명에 끌려다니는 존재가 됐다. 자신이 만든 철학을 현실에서 실현하지 못하는 괴리는 그의 정신을 피폐하게 만들었고, 몰락을 재촉했다.

우울증은 그의 가족력이기도 했다. 1889년, 니체는 이탈리아 토리노의 길에서 쓰러졌고, 이후 정신이상 증세를 보이기 시작했다. 결국 그는 10년 동안 정신병원과 요양원을 전전하다 생을 마감했다.

그는 서양 철학을 뒤흔든 혁명적인 사상가였지만, 정작 그의 철학은 그 자신을 구원하지 못했다. 그는 명석했으나 매사 부정적이었다. 이를 인간적으로 극복하기에는 자기 확신과 자만심이 너무 컸다. 니체는 초인이 되고자 했지만, 결국 지극히 인간적인 모습으로 무너졌다.

헤밍웨이: 강인한 이미지 속에 숨겨진 불안과 파멸

어니스트 헤밍웨이는 20세기의 가장 영향력 있는 문학가 중 한 사람이다. 그는 단순하면서도 강렬한 문체로 현대 문학에 혁신을 가져왔고, 작품 속에서 강한 남성성과 용기를 찬양했다. 《누구를 위하여 종은 울리나》, 《무기여 잘 있거라》, 《노인과 바다》 등 그의 대표작들은 삶의 고난과 투쟁을 견뎌내는 인간의 모습을 그린다.

그러나 그의 삶은 작품과 거리가 멀었다. 평생 우울증과 불안에 시달렸으며, 결국 자신이 만든 강인한 인물과는 정반대의 길을 갔다. 그 또한 우울증이 가족력이었다. 아버지는 권총으로 자살했고, 아들과 손녀도 우울증으로 고통받았다.

회피: 우울증과의 정면 대결을 피하다

헤밍웨이는 링컨이나 처칠처럼 우울증을 직면하고 극복하려 하지 않았다. 오히려 그는 자신의 불안을 감추기 위해 강한 남성성을 내세웠다. 사냥을 즐겼고, 권투를 했으며, 전쟁터를 누비며 강한 사람이라는 이미지를 유지하려 했다. 그러나 이는 단순한 방어기제에 불과했다. 그의 친구였던 소설가 노먼 메일러는 이렇게 말했다.

"헤밍웨이는 감흥을 얻기 위해 위험을 감수하는 사람이 아니다. 그는 비겁함과 자살 충동 속에서 평생을 싸웠다. 그의 내면은 끝없는 악몽과 씨름하는 공간이었다."

그는 자신이 두려움 속에서 살아간다는 사실을 인정하지 않았다. 그러나 내면의 문제는 사라지지 않았다. 그가 자신의 감정을 억압하고 회피할수록, 우울증은 더 깊이 그를 잠식해 갔다.

술: 치명적인 도피처

우울증과 불안을 잊기 위해 그가 선택한 가장 강력한 수단은 술이었다. 쿠바의 모히토, 프랑스의 압생트, 스페인의 와인… 머무는 곳마다 그는 술을 탐닉했다.

결국 술이 그를 무너뜨렸다. 건강은 악화되었고, 뇌 기능도 저하되었다. 말년에는 기억력 장애와 정신 착란 증세가 나타났고, 몇 차례 병원치료를 받기도 했다. 1954년에 노벨문학상 수상의 위업을 달성했지만, 이미 그의 정신은 쇠퇴하고 있었다. 더 이상 집중해서 글을 쓰지도, 문장을 매끄럽게 이어가지도 못했다. 그럼에도 술을 끊지 못했다. 그 바람에 무너진 건강과 정신 상태는 결국 그를 죽음으로 내몰았다.

외면과 내면의 괴리: 강한 남성성에 가려진 불안

'인간은 파괴될 수는 있어도 패배하지 않는다.'

사춘기 때 나를 매료시킨 그의 문장이다. 이 말처럼 헤밍웨이는 늘 강하고 거침없는 인물처럼 보였다. 그러나 실상은 그렇지 못했다. 《노인과 바다》의 주인공 산티아고는 극한의 상황에서도 끝까지 싸우는 인물이다. 하지만 그 내면에는 헤밍웨이 자신의 모습이 투영되어 있었다. 호원대학교 문영수 교수는 이렇게 분석했다.

"산티아고가 보이는 폭력적인 언행, 혼잣말, 식욕 부진, 우울한 감정, 허무한 태도… 모두 심각한 우울증 환자의 증상이다. 헤밍웨이는 주인공에게 자신의 내면을 투영한 것이다."

말년 2년 동안, 그는 두 차례 병원에 입원했고 전기충격 치료를 받았다. 기억력은 더욱 저하되었고, 창작 능력도 완전히 잃어버렸다.

1961년 7월, 그는 아내 몰래 침실을 빠져나와 지하실에서 장총을 꺼냈다. 오랜 시간 손에 익은 총을 들고 그는 한 치의 망설임도 없이 방아쇠를 당겼다. 그의 나이 62세.

이것이 과연 헤밍웨이다운 죽음이었을까?

그는 "인간은 패배하지 않는다"라고 말했지만, 결국 패배했다. 그는 "고난 속에서도 맞서 싸워야 한다"라고 역설했지만, 정작 자신은 싸움을 포기했다. 그가 남긴 작품은 지금도 여전히 살아 있지만, 그는 끝내 자신의 그림자에 짓눌려 사라지고 말았다.

그리고 우리의 선택

우리는 네 사람의 삶을 통해 우울증과 인간의 나약함 그리고 그것을 이겨내는 힘이 어디에서 오는지 살펴보았다.

우울증을 극복한 이들의 공통점은 무엇인가?

첫째, 우울을 없애려 하지 않았다.

링컨은 우울증을 제거해야 할 적이 아니라, 함께 살아갈 동반자로 받아들였다. 처칠 역시 자신의 우울증을 '검은 개'라 부르며, 그것을 길들이는 법을 터득했다. 우울을 없애려 애쓰는 대신 그것을 삶의 일부로 인정하고, 극복할 방식을 찾아 나갔다.

둘째, 자신을 외롭지 않게 했다.

링컨은 신앙과 신념으로 자신을 지탱했고, 처칠은 그림과 글쓰기를 통해 자기 감정을 승화했다. 그러나 니체는 자신의 사상에 갇혀 스스로를 고립시켰고, 헤밍웨이는 술과 모험으로 현실을 회피하다 결국 자기 자신을 잃고 말았다.

셋째, 자신보다 더 큰 목표를 가졌다.

링컨에게는 노예 해방이라는 역사적인 과제가 있었고, 처칠은 파시즘으로부터 자유 세계를 지켜야 한다는 사명감을 가졌다. 그러나 니체와 헤밍웨이는 자신이 만든 철학과 이미지 속에서 방황했다. 그들에게는 자신의 에고를 만족시키는 것이 더 중요했다. 그러나 현실은 이상과 달랐고, 그 괴리감 속에서 그들은 점점 더 깊은 어둠으로 빠져들었다.

이제 우리의 선택을 말할 차례다. 우울증이 우리의 인생을 집어삼키도록 내버려둘 것인가, 아니면 그것을 삶의 일부로 받아들이고 함께 살아갈 것인가?

삶은 도전과 응전의 연속이다. 어떤 사람은 고통 속에서 자신을 단련하고, 성장의 기회로 삼는다. 또 어떤 사람은 그 고통을 피해 달아나려 하지만, 결국 그 고통이 삶을 집어삼킨다.

우울증과의 싸움에서 승리하는 길은
회피하지 않는 것,
자신을 고립시키지 않는 것,
그리고 자신만의 의미를 찾는 것에 있다.

다음 질문에 답하면서 자신의 현재 상태를 파악하고, 필요하다면 링컨의 전략을 참조해 활용해보자.

- 우울감을 회피하지 않고 받아들이고 있는가?
- 삶에서 지지대가 되는 신념이나 가치관이 있는가?
- 일상에서 웃음을 찾고, 유머를 통해 어려움을 완화하는가?
- 가족, 친구, 동료 등과의 관계를 통해 정서적인 지지를 받고 있는가?
- 자신보다 더 큰 목적이나 사명감이 있는가?

그 의미가 거창할 필요는 없다.

자신이 사랑하는 사람들을 위해, 스스로 더 나은 삶을 살기 위해 혹은 단순히 하루를 더 살아내기 위해서라도 우리는 의미를 찾을 수 있다.

삶은 위대한 도전이 아니다.

오늘을 버티고, 내일을 살아가는 작은 용기의 연속이다.

그 작은 용기들이 쌓일 때, 우리는 우울의 어둠 속에서도 자신만의 빛을 발견할 수 있다.

당신은 어떤 방식으로 우울증과 싸우고 있는가?

다음은 우울증을 극복하는 다양한 방법을 점검할 수 있는 체크리스트다. 현재 자신이 무엇을 실천하고 있는지 확인해보자.

- ☐ 규칙적인 운동을 하고 있는가?
- ☐ 균형 잡힌 식사를 하고 있는가?
- ☐ 충분한 수면을 취하고 있는가?
- ☐ 취미나 관심사를 즐기고 있는가?
- ☐ 상담사나 의사 등 전문가의 도움을 받고 있는가?
- ☐ 약물치료를 받고 있는가?
- ☐ 명상이나 이완 기법을 활용하고 있는가?
- ☐ 사회적인 활동에 참여하고 있는가?
- ☐ 작은 목표를 설정하고 달성하기 위해 노력하고 있는가?
- ☐ 부정적인 생각을 긍정적으로 전환하고자 노력하는가?

참고자료 | 미국정신의학회 우울증 치료 지침, 영국국민보건서비스(NHS) 우울증 자가 관리 방법, 한국보건의료연구원 우울증 치료 가이드라인, 일본 정신신경학회 우울증 치료 지침

우울증, 어떻게 치료하나?

우울증을 흔히 '마음의 병'이라 한다. 그래서 치료 역시 마음에서 출발해야 한다고 생각하는 사람이 많다. 명상, 사찰 백일기도, 교회의 새벽기도 등으로 마음을 다스려야 한다고 주장하는 이들도 있다.

그러나 내가 경험한 바로는, 우울증은 마음의 문제로 시작되었을지라도 결국 '몸의 병'이다.

마음에 문제가 생기면 뇌 신경전달물질(세로토닌, 도파민, 노르에피네프린)의 불균형이 발생한다. 잘못된 신호를 보낸 뇌는 몸을 오작동시키고, 그로 인해 소화장애나 심장 두근거림, 피로감, 면역력 저하 등의 신체 증상이 나타난다. 그 결과 다시 부정적인 생각과 감정이 강화되는 악순환이 반복된다. 우울증이 심해질수록 신체적인 활력도 급격히 떨어지는데, 그 상태에서는 의지적인 노력도 아무런 소용이 없다. 몸이 완전히 무너진 상태에서 명상이나 기도가 효과를 발휘하기란 쉽지 않다.

반대로 신체적인 질병이 우울증을 초래하기도 한다. 교통사고나 암 같은 질병을 겪으면 신체적인 고통이 심리적인 스트레스로 이어진다. 스트레스가 지속되면 뇌 신경계가 영향을 받아 우울증으로 발전할 수 있다.

우울증은 몸과 마음이 함께 아픈 병이기에 치료 또한 단선적이지 않다. 앞에서 살펴보았듯이 병원치료, 약물치료, 심리치료는 물론, 생활 습관 개선까지 통합적으로 접근해야 한다. 그중 첫걸음은 몸부터 회복하는 것이다. 즉 신체를 먼저 회복시키고, 몸의 균형이 어느 정도 맞춰진 후에 심리적인 안정을 도모해야 의지와 명상, 인지행동치료 등의 효과가 제대로 나타난다.

신체 회복을 통한 우울증 예방 및 치료

나는 우울증을 극복한 후, 우울증이 찾아오는 조짐을 감지할 수 있게 되었다.

내 경우, 스트레스가 쌓이면 세 가지 주요 신체 반응이 나타난다.

• 머리가 복잡하다: 루미네이션 활성화
부정적인 생각이 꼬리에 꼬리를 물고 이어진다.
같은 걱정을 반복하며, 미래에 대한 불안이 커진다.

• 가슴이 답답하다: 심박수 증가, 혈액순환 불량
불안이 심해지면 가슴이 조여오는 느낌이 든다.
심장이 빠르게 뛰며, 온몸에서 땀이 난다.

• 아랫배가 불편하다: 장 기능 이상
과민성 장 증후군처럼 속이 더부룩하거나 소화가 안 된다.
장내 세로토닌 생성이 저하되면서 기분이 가라앉는다.

이와 같은 우울 증상이 나타나면 나는 즉시 생활 습관을 조정해 몸 컨디션을 정상화한다. 물론 하루아침에 컨디션이 회복되는 것은 아니다. 하지만 꾸준히 습관을 들여 몸과 마음이 균형을 찾는 루틴을 만들면 우울증의 늪에서 한결 쉽게 빠져나올 수 있다.

- 머리가 가벼워지도록 한다. → 생각을 단순화하고, 복잡한 사고 패턴을 줄인다.
- 가슴이 시원해지도록 한다. → 심신의 이완을 유도하고, 긴장을 푼다.
- 배가 후련해지도록 한다. → 장 건강을 개선해 정신 건강을 지탱한다.

신체의 균형이 유지되면 우울증의 조기 경보 체제가 가동돼 스트레스가 쌓이는 순간을 빨리 감지하고 운동, 명상, 휴식 등을 통해 빠르게 조절할 수 있다. 이것이 습관화되면, 우울증의 기미만 보여도 예방할 수 있는 능력이 생긴다.

병원치료가 필요할 때

그러나 생활 습관 조정만으로 해결되지 않는 경우도 있다. 특히 스트레스가 너무 크거나, 지속적으로 쉬지 못한다면 병원치료나 약물치료가 필요할 수도 있다.

처음 우울증을 진단받았을 때, 나는 스스로를 비난했다.

'내가 왜 이렇게 됐을까?'

'정신력으로 버텨야 하는 것 아닌가?'

'우울증이라는 사실이 알려지면 사회적으로 불이익을 받지 않을까?'

그런데 모두 잘못된 생각이었다.

우울증은 개인의 나약함이 아니라, 신경계와 환경이 복합적으로 작용해 발생하는 질병이다. 몸이 아프면 병원에 가야 하듯, 우울증 역시 적극적인 치료가 필요하다. 지금은 유명인들도 자신의 우울증을 공개적으로 고백하는 시대가 되었다.

우울증은 유전이나 특별한 신경계 이상이 아닌 이상, 분명히 치유될 수 있는 병이다. 듣기 좋으라는 허언(虛言)이 아니다. 단, 시간과 인내, 믿음이 필요하다.

치료법은 매우 다양하다. 내 경험과 많은 전문가들의 연구를 통해 알게 된 몇 가지 치료법을 정리해보았다.

우울증 치료의 첫걸음은 내가 우울증에 걸렸는지 정확히 아는 것에서 시작된다. 이를 위해 적절한 전문가를 찾아 진단을 받고 효과적인 치료법을 선택하는 것이 핵심이다.

보편적인 우울증 진단 기준은 1부에 소개했다. 지속적인 우울감 또는 공허함이 이어지고, 흥미와 즐거움을 느끼지 못하는 점 등이다. 물론 며칠간 우울하거나 무기력하다고 해서 병원에 갈 필요는 없다. 그러나 두 가지는 유념해야 한다.

첫째, 우울 증상이 2주 이상 지속된다.
둘째, 신체적인 증상(불면, 식욕 부진, 피로감, 소화장애 등)이 일상생활에 지장을 준다.

이 두 가지에 모두 해당한다면 미루지 말고 병원을 방문하자. 그냥 놔두면 악화할 수 있기 때문이다. 특히 자살 충동을 느꼈거나 기본적인 생활 유지가 어렵다면 즉각적인 전문가 상담과 치료가 반드시 필요하다. 입원치료를 받아야 하는 중증 신경·정신질환자들도 처음에는 우울증 정도가 경미했다고 한다.

좋은 의사 찾는 법

병원은 잘 선택해야 한다. 정신의학은 신체의학보다 뒤늦게 발달했기에 실력 있는 의사의 정확한 진단과 처방이 더욱 중요하다.

대부분의 우울증은 약물 처방이 중요한데, 어떤 환자에게 어떤 약을 얼마나 주느냐가 치료의 핵심이다. 그러나 유감스럽게도 의사가 경험이 부족해 병을 정확히 진단하지 못하거나 잘못 처방하는 경우가 있어 증세를 악화시키기도 한다. 약 주고 병 주는 격이다.

단순한 무기력감이나 주의력 저하 증상을 우울증이나 ADHD(주의력결핍 과잉행동장애)로 오진하는 사례도 있고, 약물 처방의 부작용을 조현병(정신분열증)으로 진단하는 사례도 있다. 또한 일부 병원에서는 단순한 증상 체크리스트나 인터넷 검사 그리고 의사의 짧은 면담만으로 정신질환을 진단하는 경우도 있다.

정신과 진료를 받을 때는 신중한 감별 진단과 적절한 치료가 무엇보다 중요하다. 병원이나 의사를 내 멋대로 불신해도 안 되지만 무조건 맹신해서도 안 된다.

나는 우울증일 수 있다는 이야기를 듣고 창피한 마음에 변두리 조그만 의원을 찾아갔다. 그 의사는 간단한 설문 검사, 심리 검사 결과를 본 뒤 우울증이라며 "평생 약을 먹어야 합니다"라고 겁을 주었다. 의사의 심드렁한 태도, 기계적인 처방이 매우 실망스러웠다. 환자는 의사에 대한 믿음이 중요한데, 그 사람은 믿음이 가지 않았다. 그래서 그가 처방한 약도 이틀만 먹고 임의로 중단해버렸다.

이후 병세가 더욱 악화돼 결국 잘 아는 의학 전문 기자에게 내 상황을 솔직히 말하고 좋은 의사를 추천받았다. 이때 간 병원에서 비로소 내 증세를 정확히 보고 성의 있게 치료해주는 의사를 만났다. 그리고 3개월 만에 병원치료를 마쳤다.

만약 처음 갔던 병원을 계속 다녔다면 나는 정말 그 의사의 말대로 평생 우울증 약을 먹어야 했을지도 모른다. 더구나 약이란 의존성이 있지 않은가. 그러나 두 번째 병원 의사는 내게 재활 의지를 북돋아주었다. 그는 1년 정도만 약을 먹으면 될 거라 했고, 그것마저 나는 3개월로 단축시켜 버렸다. 그가 제시한 운동, 긍정심리 등 인지행동치료를 죽어라 열심히 한 덕분이었다.

이처럼 어떤 의사를 만나느냐는 아주 중요하다. 그렇다면 어떻게 해야 할까. 나는 국내 굴지의 의학 전문 기자를 알고 지냈으니 다행이었지만, 일반 사람들은 어떻게 좋은 의사를 고를까? 세 가지를 당부하고 싶다.

첫째, 입소문이나 신뢰할 수 있는 지인을 통해 평판이 좋은 병원과 의사를 추천받는다. 인터넷 리뷰보다는 실제 경험담이 정확하다.

둘째, 병원 홈페이지를 등을 통해 의료진의 경력과 평가를 확인한다. 학력, 임상 경험, 연구 논문 등을 살펴보는 것도 도움이 된다.

셋째, 직접 방문해 상담을 받아본 뒤 결정한다. 한 곳만 가지 말고 2~3군데 방문해 의사의 태도와 치료법이 나에게 맞는지 크로스 체크(cross-check)한다.

여러 정보를 비교하고 대조해 가장 신뢰할 수 있는 의사를 선택해야 한다.

세 가지 치료법

병원에 가면 우선 우울증 평가 척도 검사 등 설문 검사를 받는다. 이후 의사가 상담을 통해 현재 증상, 과거 정신과적 병력, 가족력, 생활 습관 등을 확인한 뒤 진단을 내리고 치료법을 정한다. 정신건강의학과에서는 환자의 상태에 따라 다양한 치료법을 제안한다. 그중 대표적인 것이 약물치료와 심리치료, 생활 습관 개선 등이다.

약물치료(중등도 이상일 경우)

항우울제(SSRI, SNRI, TCA 등)가 가장 흔히 처방되고, 기타 항불안제, 기분안정제 등이 추가되기도 한다. 불면증, 소화불량, 변비 등 신체 증상 등을 완화하는 약도 처방될 수 있다. 상황에 따라 약의 용량을 조절하는데, 증세가 완화되면 약을 줄이고 나빠지면 늘리는 식이다.

항우울제는 효과가 나타나는 데 2~4주가 걸리며, 초기에는 불안 증가, 위장장애 등의 부작용이 있을 수 있다. 나는 불면증과 불안장애 증세가 있어 항우울제, 항불안제, 수면제가 처방됐다.

심리치료(정신치료)

심리상담은 단순한 고민 상담이 아니라 우울증 치료의 핵심적인 과정이다. 우울증은 한순간의 감정 문제가 아니라 습관적인 사고 패턴, 인간관계 문제, 과거의 경험 등 다양한 요인과 연관되기 때문에 이를 해결하는 과정도 복합적이다. 약물치료는 증상을 완화하지만, 근본적인 사고 패턴을 바꾸지는 못한다. 반면 심리상담은 우울증을 촉발하는 원인이 무엇인지 이해하고, 스트레스 대처법을 배우며, 사고방식을 재구성하는 과정을 거친다. 그럼으로써 우울증 재발 방지에 중요한 역할을 하며, 재발하더라도 스스로 대처할 수 있는 능력을 길러준다.

가벼운 우울증은 심리상담만으로 치료하기도 하지만, 중등도 이상의 우울증은 약물치료와 심리치료를 병행할 때 효과가 높다. 정신과 병원 또는 심리상담센터에서 전문적인 상담사(심리치료사)나 정신과 의사(정신건강의학과 전문의)가 진행하는 치료법이다. 주요 치료법은 다음과 같다.

- 인지행동치료(CBT): 부정적인 사고 패턴을 긍정적으로 바꾸는 훈련

- 대인관계치료(Interpersonal Therapy, IPT): 가족, 친구, 직장 동료 등 인간관계에서 오는 문제를 해결하는 치료
- 수용-전념치료(Acceptance and Commitment Therapy, ACT): 부정적인 감정을 억제하지 않고 자연스럽게 받아들이는 훈련
- 마음챙김 명상(MBSR) 기반 치료: 현재 순간에 집중하여 불필요한 루미네이션을 줄이는 연습
- 정신역동 치료(Psychodynamic Therapy): 어린 시절의 트라우마 등 과거의 경험과 억압된 감정, 무의식이 현재의 감정과 행동에 미치는 영향 분석

이 가운데 나는 긍정심리 효과를 가져오는 인지행동치료와 마음챙김 명상으로 큰 효과를 보았다.

생활 습관 개선 등

- 운동요법: 유산소 운동(걷기, 조깅, 수영 등)은 뇌의 세로토닌과 도파민 분비를 촉진한다.
- 식습관 개선: 오메가3 지방산, 비타민D, 단백질 섭취를 늘린다. 음식을 통해 뇌에 영양을 공급하고 체력이 보강되면 마음도 건강해진다.

- 수면 개선: 규칙적인 취침 시간을 유지하고 스마트폰 사용을 제한한다. 수면의 질이 뇌 건강을 좌우한다.
- 사회적인 활동 참여: 고립을 피하고 의도적으로 사람들과의 교류를 늘려간다. 그러나 사람을 만나는 것이 오히려 마음을 힘들고 불편하게 한다면 굳이 그럴 필요는 없다. 내가 아는 내향인들은 사람들을 만나지 않더라도 취미 활동, 텃밭 가꾸기, 나홀로 여행 등으로 충분히 외롭지 않게 지낸다.

이것만으로 증상이 호전되지 않을 때는 다음과 같은 치료법을 고려할 수 있다.

- 전기경련요법(Electroconvulsive Therapy, ECT): 약물치료로 효과가 없는 경우, 심한 우울증 및 자살 충동이 있는 경우 시행한다. 생각보다 비용도 많이 들지 않고 부작용도 적으며 효과가 크다.
- 경두개 자기 자극 치료(rTMS, TMS): 비침습적인 방식으로 뇌의 특정 부위를 자극하는 치료다.

병원치료 이후, 삶을 다시 설계하다

우울증 치유 과정은 마치 오케스트라 연주와 같다. 모든 악기가 조화를 이루어야 아름다운 곡이 완성되듯, 우울증 치료 또한 약물치료, 심리치료, 생활 습관 개선 등 다양한 방법이 어우러져야 효과를 발휘한다.

병원치료는 우울증의 급성기를 벗어나는 데 중요한 역할을 한다. 나는 3개월 만에 병원치료를 마쳤다. 하지만 이를 넘어 스스로 일상에서 꾸준히 실천하는 행동이 치료의 지속성과 효과를 결정한다. 가벼운 우울증은 심리치료와 생활 습관 개선만으로도 호전될 수 있다. 재발 방지를 넘어 예전보다 더욱 건강하고 행복한 정신 상태를 만들겠다는 마음가짐으로 적극적으로 실행하자.

2부에서 소개했듯, 나는 병원치료를 마친 이후 지금까지 십수 년 동안 다음 7가지 방식을 생활 루틴으로 만들었다.

- 운동: 몸을 움직여 마음 치유하기
- 자연과의 교감: 느리게, 하지만 깊게
- 긍정심리 훈련: 역(逆) 루미네이션의 습관

- 일: 의미를 찾는 활동
- 명상: 지금 이 순간에 머물기
- 영성: 유한함을 넘어 무한함과의 연결
- 심리학: 나를 이해하는 열쇠

이것은 나의 방식일 뿐, 사람마다 루틴은 다를 것이다. 우울하다고 반드시 심리학 공부를 해야 하는 것도 아니다. 쉽게 설명한 개론서나 관련 도서 정도만 읽어도 큰 도움이 된다. 마음이 힘들면 신뢰할 만한 상담사를 찾아가 상담을 받아보자. 일주일에 1시간씩 10번만 받아도 든든한 가이드를 얻을 수 있다. 인지행동치료와 같은 심리학적 기법은 부정적인 생각 패턴을 깨는 데 효과적이다. 만약 챗GPT를 사용하고 있다면 그와 대화하는 것도 좋다. 훌륭한 대화 상대가 되어줄 것이다.

다만 어떤 루틴을 만들든, 건강한 심신을 유지하기 위해 다음 세 가지를 유념하기 바란다.

첫째, 자신의 에너지를 효율적으로 쓰자.

좋은 것이든 나쁜 것이든 너무 많은 생각과 감정, 정보, 의욕, 욕망은 당신을 조급하게 만들고 쉽게 지치게 하며, 결국 번아웃으로 몰아넣는다. 비판단(Non-judging)하는 습관, 좋아하는 것과 싫어하는 것 사이에서 중도를 지키는 마음가짐, 되도록이면 마음의 평정을 유지하려는 태도를 갖자.

둘째, 힘들 때 당신이 쉴 수 있는 항구를 확보하자.
살아가면서 길흉화복은 피할 수 없다. 어떤 일이 일어나지 않도록 대비하는 것이 아니라, 어떤 일이 일어나더라도 충격을 최소화하고 휴식과 치유를 도모할 수 있는 방법을 찾아내자. 내게는 명상이 최고의 방법이었다.

셋째, 되도록이면 친절하자.
쉬운 듯하지만 어려운 일이다. 그저 주위 사람들에게 친절하고 자기를 낮추면 되는데… 각자 인생을 돌아보면 알지 않는가.
매일 한 푼 두 푼 모아 예금 잔고를 늘려가듯, 평소 주위 사람들에게 친절, 배려, 공감, 웃음을 주도록 노력하자. 조금씩 쌓인 심리 잔고는 어렵거나 위급한 상황에 위력을 발휘한다. 그리고 무엇보다 내면의 당신이 기뻐할 것이다.
내 경우를 돌아봐도 짜증, 서운함, 화 등이 마음을 지배하면 우울증 증상이 악화했다. 반대로 친절, 배려, 공감 등이 있으면 우울증이 확 줄었다. 전자는 나답지 않았고, 후자는 나다운 것 같았다. 전자는 행복하지 않았고, 후자는 행복했다. 특히 '내 안의 나'가 행복해했다. '내 안의 나'는 나나 당신이나 똑같이 갖고 있는 것이다. 다만 겹겹이 쌓여 있는 마음의 갑옷과 상처를 얼마만큼 뚫고 들어갈 수 있느냐에서 차이가 날 뿐이다.

우울증 치료는 단거리 경주가 아니라 마라톤이다. 신체 증상을 해결하는 데 그치지 않고, 왜곡된 사고 습관과 무의식 깊숙한 곳에 자리 잡은 트라우마까지 함께 다뤄야 한다. 이때 무엇보다 자기 자신을 이해하려는 노력이 중요하다.

'나는 누구인가?'

'내가 정말 원하는 것은 무엇인가?'

'내 인생의 과제는 무엇인가?'

이 질문들에 답을 찾는 과정이야말로 우울증 치료의 본질이자, 삶의 근본적인 변화를 이끄는 힘이 된다. 그런 차원에서 우울증 치유는 삶의 성장 과정이다. 우리의 삶에서 멈춰야 할 지점을 알려주는 경고 신호다. 이를 통해 자신을 돌아보고 새로운 삶의 방향을 설정하는 기회로 삼는다면, 우울증은 단순히 고통이 아니라 성장, 나아가 성숙의 과정이 될 것이다.

당신은 어떤 사람이고 싶고, 어떤 인생을 살고 싶은가?

우울증과 정신질환 오진 문제

정신질환, 특히 우울증에 대한 관심이 높아지면서 오진과 과잉 진단이 사회적인 문제로 떠오르고 있다. 코로나19 팬데믹 이후 정신과 병원이 급증하고 정신질환에 대한 대중적인 인식이 개선되면서 성인 ADHD와 조현병 같은 질환의 진단이 남발되는 부작용이 발생하고 있다.

정신과 전문의 김창윤 원장은 요즘 우울증 환자들이 성인 ADHD로 잘못 진단받는 경우가 많다고 이야기했다. 한 여성은 회사에서 실수를 자주 해 인터넷 자가진단을 해보니 성인 ADHD 가능성이 높다는 결과가 나와서 병원을 찾았다. 그러나 김 원장이 면밀히 진찰한 결과, 이 여성의 문제는 ADHD가 아니라 오랜 스트레스와 피로로 인한 주의력 저하였다. 또 한 대학생은 집중력이 떨어진다며 성인 ADHD 검사를 받고 싶다고 병원을 찾았다. 그는 친구 몇 명도 같은 증상으로 진단을 받고 약을 복용하고 있다고 말했다. 그러나 진단 결과 이 학생은 ADHD가 아니라 '비전형적 우울증' 환자였다.

이처럼 우울증, ADHD, 조현병은 증상이 겹치므로 설문 검사나 인터넷 검사만으로 진단을 내려선 안 된다. 반드시 의사의 병력 청취와 임상 경험이 바탕이 되어야 한다. 실제로 ADHD 진단을 받은 성인 중 90%가 ADHD가 아니었다는 연구 결과도 있다.

콘서타 같은 ADHD 치료제를 복용하면 초기에는 집중력이 좋아지고 기분이 나아지는 듯하지만, 약을 끊으면 곧바로 무기력증이 심해져 약물 의존성이 생긴다. 장기 복용 시에는 과민 반응, 불면, 충동적 행동 증가, 심한 경우 조증(躁症)과 망상, 환청을 유발해 조현병으로 오진될 위험도 있다. 조현병으로 잘못 진단되면 환자는 심리적으로 큰 충격을 받으며, 강력한 항정신병 약물로 인해 심각한 부작용을 겪을 수 있다.

우울증을 통해 이룬 존재론적 회복

우울증은 내 삶에 던져진 강력한 경고장이었다. 그동안 나는 어느 정도 성공적인 삶을 살았다고 자부했다. 부모 없이 성장하면서도 크고 작은 어려움을 극복했고, 꽤 많은 것을 성취했다. 그러나 중요한 것은 내면이었다. 나는 정말 내가 원하는 삶을 살고 있었던 걸까?

내 안의 '또 다른 나'는 언제나 나를 지켜보고 있었다. 그럴 듯한 모습으로 타인은 속일 수 있어도 '내 안의 나'와 하늘은 속일 수 없다. 우울증은 '내 안의 나'를 통해 나에게 거듭 묻고 있었다.

'그냥 이렇게 대충 살래? 아니면 정신 차리고 후회 없는 삶을 살래?'

그 질문은 회초리처럼 나를 때렸다. 대충 살고 싶어도 그럴 수 없게 만들었다. 마치 엄격한 코치가 운동선수에게 "네 능력이면 우승도 노려볼 수 있는데, 왜 이 정도에서 머무르려 하는 거야!"라고 질책하는 것처럼 말이다. 우울증은 내게 그런 코치였다.

나는 하드 트레이닝을 받아야 했다. 그것은 단순히 근면이나 성실만으로 되는 것이 아니었다. 내면의 수많은 감정을 다스리고, 내 사고방식을 바꾸며, 부정적인 감정을 긍정적인 에너지로 전환해야 했다. 불안, 후회, 분노, 미움 같은 감정을 용서, 희망, 감사, 평온으로 바꾸어야 했다.

순간순간 수없이 닥치는 부정적인 루미네이션 속에서 나는 난생처음 실존적인 선택의 기로에 섰음을 깨달았다. 자칫 내 인생이 송두리째 무너져버릴 수 있다는 사실을 자각했다. 이대로 무기력하게 평생 후회와 자책 속에서 살 것인가, 아니면 용기를 내 나다운 삶을 주체적으로 다시 설계할 것인가.

그때 내 뇌리에 니코스 카잔차키스의 소설《그리스인 조르바》가 번뜩 떠올랐다. 소설의 주인공 '나'는 책을 사랑하는 학자이자 사색가다. 그는 세상을 이해하려 하지만, 머리로만 사고할 뿐 아무런 행동도 하지 않는다. 그는 삶을 철학하고 분석하지만, 직접 부딪치지 않는다. 그의 내면에는 언제나 '삶을 진정으로 살아본 적이 있는가?'라는 질문이 맴돈다.

반면 조르바는 삶을 온몸으로 받아들이는 인물이다. 계산하지 않는다. 논리적이지도 않다. 미래를 걱정하지도 않는다. '지금 이 순간'을 살며, 모든 감정을 있는 그대로 표현한다.

"난 아무것도 두렵지 않아. 난 아무것도 바라지 않아. 난 자유야!"

그는 우울증을 경험해본 적도 없는데 내가 우울증을 극복하면서 배운 모든 기법을 삶에서 실천하고 있었다.

현재를 살아라, 조르바처럼. 과거의 상처와 미래의 불안 속에 갇히지 말고 '지금, 여기'에 살아라.

감정을 억누르지 마라, 조르바처럼. 웃고, 울고, 화내고, 사랑하라. 감정을 있는 그대로 받아들여라.

완벽을 추구하지 마라, 조르바처럼. 실패를 두려워하지 마라. 조르바는 실패조차 인생의 일부로 받아들였고, 다시 춤을 추었다.

조르바는 내면의 아픔을 머리로 설명하지 않고, 몸으로 통과한다. 우울증을 삶의 일부로 끌어안는 힘이 있었다.

춤추는 조르바를 보면서 나는 비로소 깨달았다.
'우울증은 내게 주어진 선물인지도 모른다.'
누군가는 큰 실패를 경험하고 나서야 인생을 돌아보듯, 나는 우울증을 통해 내 삶을 정비할 기회를 얻었다. 그리고 그 과정에서 세 가지 중요한 깨달음을 얻었다.

마음의 평온을 찾다

60여 년을 살아오는 동안 내면에 힘듦, 불안, 화, 자신에 대한 부정적인 시각들이 켜켜이 쌓였다. 그러다 우울증과 싸우면서 내 마음을 다스리는 방법을 다시 배웠다. 그동안 무의식적으로 쌓아온 잘못된 생각 습관, 감정 패턴을 청소하고 수정해야 했다. 더 이상 우울증에 휩쓸리지 않기 위해 나만의 방어선을 구축해야 했다. 부정적인 감정이 들면 무작정 휩쓸리기보다 스스로 조절하는 법을 익혔다.

나는 명상을 시작했다. 불안과 초조함이 올라올 때마다 심호흡을 하며, 내 감정을 가만히 바라보았다. 그 감정은 내가 아니라, 마치 강물처럼 흘러가는 하나의 흐름일 뿐이었다.

또한 인간관계에서 불필요한 갈등을 줄이고 긍정적인 관계를 유지하려 노력했다. 부끄럽지만 나는 사람들이 얼마나 사소한 것에서 감정의 변화를 느끼는지 그때 비로소 알았다. 어려서부터 무의식적으로 가져온 '감정적 둔화'에서 벗어나기 시작했다. 시시각각 감정의 변화를 바라보면서 감정에 친절하고, 집착하지 않으며, 과거에 얽매이지 않는 태도를 익혔다.

그렇게 나는 마음을 평온하게 유지하는 힘을 길러갔다. 이제 나는 불필요한 걱정에 휘둘리지 않는다. 보다 주체적으로 지금, 여기의 삶을 사랑하는 사람이 되어가고 있다.

나는 누구인지 다시 묻다

우울증을 겪으며 나는 '진정한 나'를 찾는 여행을 떠났다.
'나는 누구인가?'
'나는 무엇을 원하는가?'

과거의 나는 사회적인 기준에 맞춰, 주변의 평가에 신경 쓰며 성공을 향해 달려왔다. 하지만 우울증을 통해 깨달았다.

'남의 시선에 휘둘릴 필요 없다. 나를 찾아라. 내면의 나침반을 따라라.'

나는 부족한 사람이지만 충분히 괜찮은 사람이었다. 우울증을 겪기 전에는 내 감정과 생각이 곧 '나 자신'이라고 여겼지만 지금은 아니다. 불안, 걱정, 후회 같은 감정들은 그저 지나가는 손님일 뿐이다. 나의 콤플렉스나 단점들은 나를 규정하는 것이 아니라 나의 일부일 뿐이다.

그렇게 인정하고 나를 받아들이면서 삶의 방향이 뚜렷해졌다. 내 삶의 가치는 사회적인 성공이 아니라 진정한 나 자신으로 살아가는 것이었다. 그리스인 조르바처럼.

삶의 방향성을 정립하다

엄격한 코치인 우울증은 내게 이렇게 묻고 있었다.
"너는 앞으로 어떤 삶을 살아갈 거야?"
나는 인생에서 무엇을 중요하게 여겨야 할지 깨달았다. 나는 단순히 살아가는 것이 아니라, 의미 있는 삶을 살고 싶었다. 그에 따라 내 삶의 방향성을 다시 설정해야 했다. 나는 세 가지 목표를 세웠다.

첫째, 성숙한 인간이 되자.
심리학자 칼 로저스가 말한 '완전히 기능하는 사람(Fully Functioning Person)'을 추구하기로 했다. 자신을 솔직하게 받아들이고, 남과 비교하지 않으며, 바람처럼 유연하게 행동하는, 내 삶을 온전히 살아가는 사람이 되고 싶었다.

둘째, 내가 원하는 성취를 이루자.
나는 내가 좋아하는 일, 잘하는 일, 의미 있는 일을 찾고 그것에 몰입해야 했다. 비록 위대한 업적을 이루지는 못하더라도, 내 삶이 가치 있다고 느껴지는 일을 하기로 했다. 아주 작은 것부터.

셋째, 영적인 성장을 이루자.
삶이 끝난 후에도 내 삶을 돌아보며 덜 후회하기를 바랐다. 내가 의지하는 신 앞에 부끄럽지 않은 삶을 살고 싶었고, 그 과정에서 더 많은 사랑과 용서, 평화를 실천하고 싶었다. 쉽게 말해 신에게 잘 보이고 싶었다.

이렇게 나는 인생의 항해사가 되었다

우울증은 나를 가장 깊은 절망으로 몰아넣었다. 그러나 나는 그 절망 속에서 깨달음을 얻었다.

절망을 겪었기에 희망을 찾을 수 있었다. 밑바닥을 보았기에 위로 뛰쳐 올라갈 수 있었다.

우울증은 내게 마음의 평온을 찾게 했고, 진정한 나를 발견하게 했으며, 삶의 방향을 재정립하게 했다.

이제 나는 우울증을 내 삶에서 가장 소중한 전환점이라 부른다.

그것은 내게 고통이었지만, 동시에 성장을 위한 최고의 기회였다.

나는 이제 흔들리지 않는다.

내 안에 단단한 중심이 생겼기 때문이다. 그리고 나는 그 중심을 지켜나갈 것이다.

폭풍우를 견디고 이겨낸 나는 폭풍우 속 항해를 두려워하지 않게 됐다. 그 안에서 길을 찾는 법을 배웠기 때문이다. 나는 폭풍우 속을 항해할 수 있는 자격증을 땄다. 인생이라는 바다의 항해사가 된 것이다.

에필로그

이제는 당신의 항해다

원고를 탈고한 직후 연례 건강검진을 받았다.
마침 우울증으로 고생하던 13년 전,
2012년의 병원 기록이 있어 비교해보았다.
그때 나는 56세, 지금은 69세.
놀랍게도 지금이 훨씬 건강하다.

그 이유는 단순하다.
꾸준한 명상과 운동, 흥분하지 않는 마음 관리.
젊을 땐 에너지를 흩뿌리며 살았지만
지금은 절전형으로, 절제하며 산다.

항목	2012년 9월	2025년 4월	비고
몸무게	75kg	72kg	
허리둘레	95cm	90cm	
혈압	150/100 (약 복용)	125/75 (약 중단)	2019년 혈압약 중단
혈당	101	94	정상: 70~99
총 콜레스테롤	238	153	<200
중성 콜레스테롤	144	56	<150
고밀도 콜레스테롤	48	66	40~60
저밀도 콜레스테롤	161	76	<130

예전만큼은 아니지만, 여전히 술도 음식도 즐긴다.
삶을 포기하지 않고, 다만 조율하는 법을 배운 것이다.

지금 내 하루는 대체로 맑다.
잠시 마음이 흔들리는 새벽만 지나면
대부분 맑고 평정을 유지한다.
스트레스는 그냥 놓아둔다.
없애려 하면 오히려 붙잡힌다.
구름처럼 바라보면, 구름처럼 흩어진다.

한 심리학자가 내게 이렇게 말했다.
"우울증은 단순한 신경증이 아니라
어떤 이들에겐 '영적 위기'입니다."
그는 내가 '오래된 영혼' 같다고 했다.
삶을 많이 살아본 영혼처럼 침착하다고.
그 말이 어떤 의미인지 어렴풋이 알 것 같았다.

나는 우울증을 '이겨내려' 하지 않았다.
그저 손님처럼 대했다.
오면 앉게 두고, 갈 때가 되면 보내주었다.
그러면 이내 떠났다.
이것이 내가 배운 마음 기술이자, 나의 마음 피트니스다.

우울은 나를 무너뜨렸지만, 동시에 나를 가르치기도 했다.
실존적인 위기였지만, 인생 최고의 스승이기도 했다.
나는 윌리엄 셰익스피어가 남긴
"끝이 좋으면 다 좋다(All's well that ends well)"라는 말을 좋아한다.
그리고 미국 프로야구의 전설 요기 베라가 남긴
"끝날 때까지 끝난 게 아니다"라는 말도 좋아한다.

인생은 야구와 같다. 9회말 2아웃에서도 역전은 가능하다.
그 순간까지, 나의 경기를 나답게 이어가고 싶다.
그리고 삶의 마지막 페이지를 넘기며
이렇게 말하고 싶다.
"그래도 잘 살았어. 최선을 다했어. 끝이 좋잖아."
그리고 혹시, 삶이 끝난 다음에도 또 다른 바다가 있다면
그 너머에서 당신과 다시 마주 앉아
조용히 인생 이야기를 나눌 수 있기를 바란다.

이제, 당신의 항해가 시작된다.

우울탈출법
평정과 휴식으로 이끄는 7가지 마음 기술

2025년 7월 23일 초판 1쇄 발행

지은이	함영준
펴낸이	김은경
편집	권정희, 한지원, 한혜인
마케팅	김사룡, 박선영, 구민지, 김예은
디자인	황주미
경영지원	이연정
펴낸곳	(주)북스톤
주소	서울시 성동구 왕십리로6길 4-5, 2층
대표전화	02-6463-7000
팩스	02-6499-1706
이메일	info@book-stone.co.kr
출판등록	2015년 1월 2일 제2018-000078호

ⓒ 함영준
(저작권자와 맺은 특약에 따라 검인을 생략합니다)

ISBN   979-11-93063-99-6 (03180)

- 이 책은 저작권법에 따라 보호받는 저작물이므로 무단전재와 무단복제를 금지하며, 이 책 내용의 전부 또는 일부를 이용하려면 반드시 저작권자와 북스톤의 서면동의를 받아야 합니다.
- 책값은 뒤표지에 있습니다.
- 잘못된 책은 구입처에서 바꿔드립니다.

북스톤은 세상에 오래 남는 책을 만들고자 합니다. 이에 동참을 원하는 독자 여러분의 아이디어와 원고를 기다리고 있습니다. 책으로 엮기를 원하는 기획이나 원고가 있으신 분은 연락처와 함께 이메일 info@book-stone.co.kr로 보내주세요. 돌에 새기듯, 오래 남는 지혜를 전하는 데 힘쓰겠습니다.

이 책은 방일영 문화재단의 지원을 받아 출판되었습니다.